JULIA KARNICK | WER SONST, WENN NICHT WIR?

© Stefan Schmidt

Julia Karnick, Jahrgang 1970, wuchs als jüngste von drei Schwestern im Reihenhaus eines Hamburger Vororts auf. Ihre Mutter hoffte, dass sie Deutschlands erste Bundespräsidentin würde. Stattdessen jobbte sie als Schuhverkäuferin und Kantinenhilfe, machte eine Weltreise, brach zwei Studiengänge ab, verliebte sich viel zu jung in ihren Mann, ergatterte, ohne je eine Zeile veröffentlicht zu haben, einen Platz an einer Journalistenschule, setzte zu einem völlig unpassenden Zeitpunkt das erste Kind in die Welt – und arbeitet heute als freie Journalistin. Seit 2004 ist sie BRIGITTE-Kolumnistin.

JULIA KARNICK

WER SONST, WENN NICHT WIR?

Die besten BRIGITTE-Kolumnen

Brigitte Buch
im
Diana Verlag

FSC
Mix
Produktgruppe aus vorbildlich bewirtschafteten Wäldern und anderen kontrollierten Herkünften
Zert.-Nr. SGS-COC-1940
www.fsc.org

Verlagsgruppe Random House FSC-DEU-0100
Das für dieses Buch verwendete FSC-zertifizierte Papier *Holmen Book Cream* liefert Holmen Paper, Hallstavik, Schweden.

BRIGITTE-Buch im Diana Verlag
Taschenbuchausgabe 03/2008

Umschlagillustration | © Kat Menschik
Umschlaggestaltung | Eisele Grafik-Design, München
Herstellung | Gabriele Kutscha
Druck und Bindung | GGP Media GmbH, Pößneck
Printed in Germany 2008
978-3-453-38006-6
http://www.diana-verlag.de

Inhalt

Keine Sorge, das liest doch sowieso keiner

Kolumnistin zu sein ist ein eigenartiger Beruf – in mancher Hinsicht nicht unähnlich dem der Erotikdarstellerin: Erotikdarsteller verkaufen ihr Äußeres, Kolumnisten, jedenfalls sofern sie in der Ich-Form schreiben, ihr Inneres.

In solch zwielichtige Berufe gerät man irgendwie zufällig hinein, weil einen an einem verregneten Dienstagmorgen irgendwer anspricht und sagt: »Hey, du, hast du nicht mal Lust, ich glaube, du hast das Zeug dazu.« Man fühlt sich geschmeichelt, man ist jung und braucht das Geld und hat gerade nichts Besseres zu tun und denkt: »Warum nicht? Ich kann's ja mal versuchen.« Man schreibt ein paar Kolumnen, der Auftraggeber ruft: »Gut so, ja, du kannst es, noch ein bisschen lockerer, prima, genau richtig, weiter so!« Also schreibt man noch ein paar Kolumnen mehr, es ist gar nicht so schwer, wie man befürchtet hat. Am Anfang war man noch ein bisschen steif, mit der Zeit verliert man alle Hemmungen: »Ist doch super, ich mach doch nur, was ich sowieso am liebsten tue: mir über die Seltsamkeiten des Lebens den Kopf zerbrechen. Das ist doch etwas ganz Natürliches.« – »Und was sagt dein Mann dazu?«

»Der hat sich daran gewöhnt«, antwortet man. Man

verschweigt, dass der Mann eine Weile gebraucht hat, um sich daran zu gewöhnen. Zuerst hat man seine Sorgen hinsichtlich der familiären Privatsphäre noch mit der Bemerkung besänftigen können: »Das liest doch sowieso keiner.« Dann geht man eines Tages mit ihm einkaufen und trifft eine entfernte Bekannte, und die entfernte Bekannte sagt: »Hey, hallo, ihr Zwei, lange nicht gesehen, wie geht es euch? Ich habe gelesen, dass euch die Wohnung gekündigt wurde. Ist ja blöd. Versteht ihr euch denn wieder besser als im vorletzten Heft? Und liest euer Sohn inzwischen etwas anderes als die *Gala*?« Der Mann guckt verstört. Wenn einem in diesem Augenblick klar wird, in was man da hineingeraten ist, ist es zu spät, um auszusteigen: Man weiß nicht mehr, wie man ohne das schnell verdiente Kolumnisten-Honorar über die Runden kommen soll, das Ego kann sich längst nicht mehr vorstellen, ohne ein vierzehntägiges Forum zu leben, und natürlich schwant einem, dass man den Sprung ins Politikressort der *FAZ* sowieso nicht mehr schafft. Also macht man weiter. Und lernt, damit zu leben, dass nicht alle da draußen moralisch gutheißen, was man tut.

Nur wenige finden – die mit Abstand angenehmste Form der Kritik –, dass man Besseres verdient habe: »Ich frage mich, wie es eine so intelligente Frau wie Sie in so ein Blatt verschlagen konnte.« Einige haben große Schwierigkeiten, einen zu verstehen: »Ich habe den Eindruck, es ging Ihnen gar nicht darum, sich ernsthaft und objektiv mit dem Thema auseinander zu setzen.« Manche von denen, die einen nicht verstehen können, leiten dies an offizielle Stellen weiter: »Ich habe Ihren Artikel über Finnland zum Anlass genommen, Sie bei der Europäischen Stelle zur Beobachtung von Rassismus und Fremdenfeindlichkeit zu melden.« Andere wollen mit einem schlicht und einfach nichts zu tun haben: »Die banalen, teilweise ordinären Kolumnen von Frau Karnick hätten, statt nach vorn, lieber aus der BRIGITTE rausbefördert werden sollen.« Wieder andere fühlen sich zu öffentlichen Kampagnen berufen: »Ich werde meine Schwester und alle meine Freundinnen bitten, ihre Abos auch zu kündigen.«

Gelegentlich blitzt gar etwas wie Hass durch die Leserbriefzeilen, so zum Beispiel bei einer Medizinerin aus dem süddeutschen Raum: »Seit langem fällt die Niveaulosigkeit dieser Kolumnen auf. Es gäbe so viele interessante Dinge zu schreiben, gerne helfe ich Ihnen, einen guten Beitrag über ›Frauen und koronare Herzkrankheiten‹ zu erstellen – ich helfe bei allem, wenn ich nur diese Frau Karnick nicht über mich ergehen lassen muss.« Seit ich diesen Brief gelesen habe, plagt mich der Albtraum, ich könnte während eines Sommerurlaubes in den Bergen einen Herzinfarkt erleiden und vom Zufall in jene Notaufnahme verfrachtet werden, in der ausgerechnet diese Ärztin Hintergrunddienst hat. Die Ärztin wird mich kühl mustern und die Hände in den Kitteltaschen vergraben. Meine letzten Worte werden lauten: »Was habe ich Ihnen nur getan, dass Sie so grausam zu mir sind? Sie hätten mich doch gar nicht lesen müssen!«

Menschen mit seriösem Beruf fragen einen oft, wie es denn so ist, Kolumnistin zu sein. Dann sagt man: »Ich kann mir keinen besseren Job vorstellen, mir bringt das echt total Spaß.« Hier sind wir endlich beim entscheidenden Unterschied zwischen der Arbeit als Erotikdarstellerin und der als Kolumnistin: Erotikdarstellerinnen lügen natürlich, wenn sie das sagen.

Das Allgäu, die Heimat von Yin und Yang

»Du sollst dir kein Bild von mir machen!« – Nach Gott hat es meines Wissens bisher nur Peter Licht geschafft, sich erfolgreich vor seinem Publikum zu verstecken: Weil man Peter Licht in den Medien gar nicht oder nur halb und verschwommen zu sehen bekommt, finden die Feuilletonisten, dass man ihn unbedingt kennen muss. Für die, die ihn trotzdem nicht kennen: Peter Licht ist ein fast junger und total angesagter Kölner Liedermacher, der möchte, dass die Welt sich auf seine Lieder konzentriert statt auf sein Aussehen. Deshalb weigert er sich, sich filmen oder fotografieren zu lassen.

Vor einiger Zeit trat Peter Licht bei Harald Schmidt auf. Peter Licht sang sein Lied und hielt dazu nicht das Gesicht, sondern seine Hosenbeine in die Kamera, mehr war von ihm nicht zu sehen. Statt Peter Licht beim Liedersingen zuzuhören, starrte ich auf seine Beine: Peter Licht trug eine Cordhose und Retro-Turnschuhe. Das stimmte mich so melancholisch, dass ich mich gar nicht mehr auf die Musik konzentrieren konnte. Noch vor Peter Lichts Auftritt hätte ich ohne zu zögern mein Leben darauf verwettet, dass ein fast junger, total angesagter deutscher Liedermacher genau dies, Cordhosen und Retro-Turnschuhe, tragen würde: Es gibt wenig, das mich trauriger macht als der bestätigte Verdacht, dass das Leben aus einer Aneinanderreihung von Vorhersehbarkeiten besteht.

Weil ich weder Gott noch Peter Licht bin, gibt es von mir ein offizielles Kolumnistinnen-Foto. Es ist eines dieser Fotos, die man selbst großartig findet, weil man sich darauf gar nicht ähnlich sieht. Eines, das man dem Mann zeigt, nachdem man es das erste Mal gesehen hat, damit der sagt: »Wow!« Stattdessen sagt er nichts. »Nun sag doch mal«, sage ich. »Yin und Yang«, sagt mein Mann. Das sagt er immer, wenn er findet, dass das Leben zu kompliziert ist für einfache Antworten. In diesem Fall heißt das, dass er nicht weiß, ob er sich darüber freuen soll, dass seine Frau aussehen kann, als wäre sie nicht seine Frau – oder ob er sich vorsorglich schämen muss, weil jeder neue Bekannte, dem er mich vorstellt, denken wird: »In echt sieht die ja nicht halb so gut aus.«

Ginge es nach meinem Mann, hätten wir bald viele neue Bekannte: Mein Mann träumt davon, ins Allgäu zu ziehen, seit wir unseren letzten Urlaub dort verbrachten. Ich träume ein bisschen mit. Am ersten Abend dort waren wir – wo sonst? – im Biergarten. Da saß ein zerzauster Fünfziger in großen grünen Gummistiefeln alleine an einem großen Tisch und guckte nett. Unser Sohn: »Bist du Bauer oder Gärtner?« Der zerzauste Fünfziger: »Nix. Ich bin Aussteiger.« Schon saß er bei uns am Tisch und erzählte, dass er aus England komme, in der Raumfahrt gearbeitet und viel Geld verdient habe, die Nase aber voll gehabt habe vom vielen Arbeiten und Geldverdienen und darum ausgestiegen sei. Alle seine Freunde und Bekannten dachten, er würde nach Südamerika oder Asien gehen, aber nein: Er wollte ins Allgäu.

Wir waren ausgesprochen angetan von der Idee, auszusteigen. »Norddeutsche Großstadt-Aussteiger in der süddeutschen Provinz« klingt verwegener als: »Wir sind vom verregneten Hamburg nach Bayern gezogen, weil die Landschaften hier schöner, die Fahrbahnmarkierungen weißer, die Brötchen knuspriger, der Mittelstand gesünder und die Schulen besser sind – und weil hier jedes zweite Kuhdorf ein Freibad hat, das aussieht, als wollte Bayern nach PISA auch die nächste internationale Freibadleistungsvergleichsstudie gewinnen.« Im Allgäu wirkt die Welt so heil, das würde nicht einmal die SPD kaputt kriegen, weshalb die Bayern sich ruhig den Spaß erlauben könnten, mal was anderes zu wählen als die CSU, nur um zu gucken, was dann so passiert.

Tun sie aber nicht, warum auch? Es ist ja alles gut so, wie es ist, und das wäre wohl unser Problem: Für Menschen, die zwischen Beton und Asphalt, mit leeren öffentlichen Kassen, von Altachtundsechzigern unterwanderten Schulen und mit nagenden Selbstzweifeln aufgewachsen sind, wäre das Leben hier zu einfach. Wir würden uns mit der evangelischen Dorfpfarrerin und dem schwulen SPD-Kreistagsabgeordneten anfreunden müssen. Am Ende säßen wir in Aussteigergummistiefeln in Biergärten herum, auf restdeutsche Touristen lauernd, die wir in Gespräche über den Sinn des Lebens verwickeln können. »Kannst du dir wirklich vorstellen, hier zu leben?«, fragte ich meinen Mann, während die Kinder über die sattgrüne Liegewiese des Trauchgauer Freibads zum blitzblankblauen Becken hüpften, das vor einer atemberaubenden Alpenkulisse in der Sonne lag. »Yin und Yang«, sagte mein Mann.

Erwachsen werden, cool bleiben

Als wir noch im Rheinland lebten, wurde mein Mann eines Tages an der deutsch-niederländischen Grenze des Drogenschmuggels verdächtigt. Auf dem frühabendlichen Heimweg von einem befreundeten Holländer stoppten ihn eifrige Beamte und zerlegten unser Auto auf der Suche nach Illegalem in seine Einzelteile. Diese – ergebnislose – Aktion war ärgerlich, weil sie einen geplanten gemeinsamen Kinobesuch verhinderte. Andererseits versetzte sie uns in Hochstimmung: Das hätten wir nicht gedacht, dass einer von uns als Drogenhändler durchgehen könnte – und das trotz seniorenrotem Kombi mit zwei Kindersitzen. Sofort schrieben wir uns 500 Punkte auf unserem imaginären Coolness-Konto gut, das wir damals führten.

Wir waren beide um die 30 – ich etwas darunter, mein Mann etwas darüber: Die Familienkasse überwies doppeltes Kindergeld, mein Mann hatte eine Kapital-Lebensversicherung abgeschlossen, wir waren seit mehreren Jahren verheiratet und räumten abends vor dem Schlafengehen die Küche auf, wir hatten einen gemeinsamen Mietvertrag und ein Wohnzimmer, in das wir Ostern einen Osterstrauß und Weihnachten einen Weihnachtsbaum stellten, und die Bedienungen in den Bars der Stadt hatten begonnen, uns zu siezen, obwohl wir sie duzten. Es ließ sich nicht länger leugnen, dass wir auf dem besten Wege waren, erwachsen zu werden. Wenn wir schon nicht länger jung sein konnten, so unser Vorsatz, dann wollten wir wenigstens cool bleiben.

Blödes Wort, cool, aber uns fiel kein anderes ein. Mit »cool« meinten wir nicht, dass wir bei Nieselregen eine Gucci-Sonnenbrille tragen, kein freundliches »Guten Tag« über die Lippen kriegen und Alten und Müttern beim Betreten eines Geschäfts die Tür gegen die Nase fallen lassen wollten. Es ging darum, die Fähigkeit zu bewahren, trotz der Diktatur der Sachzwänge, die das Elterndasein mit sich bringt, einen Hauch von jugendlichem Charme zu bewahren. Andere würden sagen: nicht völlig zu verspießen. Mit dreißig nicht spießig sein zu wollen ist allerdings das Spießigste überhaupt – darum nahmen wir diesen Begriff möglichst nicht in den Mund. Wir wollten nicht ein Vermögen an Coolness anhäufen, sondern schlicht ein ausgeglichenes Konto: Hätten wir genug Coolness-Guthaben, das war unsere Idee, könnten wir uns mit gutem Gewissen etwas richtig schön Erwachsenes leisten. Unsere Hochzeit zum Beispiel hatten wir Fußball spielend auf einem Hippie-Hof gefeiert, auf dem zeitgleich eine Gruppe Schamanen Schwitzhüttenrituale vollzog, während ein Teil unserer Gäste auf der Kuhwiese in Zelten hausen musste. Nachdem wir derart unkonventionell in den Hafen der Ehe geglitten waren, hatten wir uns unseren wunderbar praktischen Kombi leisten können, ohne in die Miesen zu geraten.

Wenn wir uns wieder einmal für unser Sofa schämten – das aussah, als hätten wir es aus dem Hinterzimmer eines autonomen Stadtteilzentrums entwendet –, trösteten wir uns mit dem Gedanken an die Pluspunkte, die wir seinetwegen laufend sammelten. Wie viele Punkte pro Monat es wert war, dass wir mit zwei Kleinkindern nach wie vor mitten in einer Großstadt lebten, in einer renovierungsbedürftigen, beengten Altbauwohnung mit Hundekacke vor der Tür und Kneipen um die Ecke – darüber waren wir uns je nach Jahreszeit und Gemütsverfassung uneinig. Unser Plan war: Wenn wir noch ein paar Jahre dort aushielten und anschließend zusammen mit unseren Kindern eine halbjährige Weltreise wagten, dann hätten wir bestimmt genug zusammen, um ein Reihenhaus in einer familienfreundlichen Vorort-Siedlung zu erwerben. Vorher aber brauchten wir dringend ein neues Sofa, weil uns sonst bald niemand mehr hätte besuchen wollen.

Aus der Weltreise wurde nichts. Wir mussten umziehen, zurück in unsere Heimatstadt Hamburg. Wir zogen in einen familienfreundlichen Stadtteil, in ein großes Haus mit Garten, Rasenmäher und Einbauküche. Zum Glück zog eine allein stehende Freundin mit ein: Gibt es etwas Ultracooleres als eine Kleinfamilie, die mit einem Single eine Wohngemeinschaft gründet? No! Das gab derartig viele Pluspunkte, da wäre glatt noch ein Carport drin gewesen, aber wir begnügten uns mit dem Abschluss einer Riester-Rente und der Anschaffung eines Tchibo-Grills.

Nach einem Jahr zog die Freundin aus, weil sie einen Mann kennen gelernt hatte und schwanger war. So ist das Leben. Da saßen wir nun: in einem familienfreundlichen Stadtteil, in einem Haus. Mit Garten, Rasenmäher und Einbauküche. Ohne Mitbewohnerin. Wir waren angekommen.

Ungezogene Buchhändler

Der Schlag trifft einen, wo und wann er will, neulich hat er mich fast erwischt: in einer Buchhandlung. Ich wartete auf die von mir gekauften Bücher, die in Geschenkpapier eingewickelt wurden, und ließ meinen Blick schweifen. Mein Blick traf auf ein Regal. In dem Regal standen Bücher. Über den Büchern stand geschrieben, um was für Literatur es sich bei den Büchern in dem Regal handelte. Die Kategorie hieß: »Freche Frauen«. Mir wurde auf der Stelle schlecht.

Ich finde: Menschen, die dazu imstande sind, die Literaturkategorie »Freche Frauen« zu erfinden, dürften keine Bücher verkaufen. Von Menschen, die Bücher verkaufen, erwarte ich, dass sie ab und zu nachdenken, und man muss nur ein klitzekleines bisschen nachdenken, um schnell zu dem Schluss zu kommen, dass die Literaturkategorie »Freche Frauen« keine Literaturkategorie ist, sondern eine Unverschämtheit: »Freche Frauen«, das muss sich ein Mann ausgedacht haben – und zwar einer von denen, die sich für überdurchschnittlich charmant und witzig halten, weshalb die Gefahr groß ist, dass man von ihnen auf Partys in ein Gespräch verwickelt wird. Wenn man den Fehler begeht, seine Zeit darauf zu verschwenden, die schlechten Witze eines solchen Mannes schlagfertig zu parieren, statt sich angeödet wegzudrehen, schiebt der Mann früher oder später das Kinn vor, nickt auf eine Weise, die unter Männern Anerkennung für den Feind signalisiert, und sagt: »Ich merk' schon, Sie sind auch nicht auf den Mund gefallen!« Oder: »Du bist ja wohl 'ne ganz Freche!« Nach so etwas wartet man nur noch darauf, von ihm in die Wange gekniffen zu werden, um klarstellen zu können, zu wie viel Schlagfertigkeit man im Ernstfall fähig ist.

»Frech« ist ein Adjektiv, mit dem man Kinder beschreibt, die sich Respektspersonen gegenüber unhöflich verhalten. Wer Frauen frech nennt, behauptet entweder, dass sie nicht erwachsen sind – oder dass es einen Personenkreis gibt, der einen generellen Anspruch auf ihren Respekt hat: Das hättet ihr wohl gerne, was? Ich kenne alle möglichen Arten von Frauen: selbstbewusste, strohdoofe, provokante, emanzipierte, nicht emanzipierte und gute oder schlechte Frauenromane produzierende Frauen – »Freche Frauen« kenne ich nicht, die existieren nur in Männerhirnen: Die frechen Frauen in Männerhirnen tragen unter ihren Jeans seidene String-Tangas oder gar nichts und benehmen sich auf Partys respektlos, werden aber schon viel höflicher, sobald man sie im Audi TT Richtung Schlafzimmer verfrachtet, am Ziel zieren sie sich noch ein bisschen, geben jedoch spätestens nach einem Glas Champagner jeden Widerstand auf und beschränken sich den Rest der Nacht darauf, ihre Unverfrorenheit auszuleben, indem sie ungeniert alles tun, wovon Männer träumen.

Ich habe die vage Befürchtung, dass Sie dieses Buch, das Sie nun in den Händen halten, im Regal »Freche Frauen« gefunden haben. Sollte ich Recht haben, bitte ich Sie, das Buch in die Buchhandlung zurückzubringen, in der Sie es gekauft haben. Noch ist es dafür nicht zu spät. Dem Buchhändler können Sie Folgendes von mir ausrichten: 1.) Ich trage unter meinen Jeans riesige weiße Baumwollschlüpfer von Woolworth und liege immer lethargisch unten. 2.) Es ist mir egal, wo mein Buch steht, stellt es in das Regal »Seichte Unterhaltung«, »Überflüssige Ratgeber« oder meinetwegen zu den Kochbüchern. Aber wagt es nicht, mich in die »Freche-Frauen«-Ecke zu stellen! 3.) Solange es in Buchläden »Freche Frauen« gibt, verlange ich ein weiteres Regal: »Ungezogene Männer«.

Gebt mir eine Aufgabe!

Ich bekenne: Ich verschwende einen Großteil meiner Energie, indem ich nach Lösungen für Probleme suche, die wahrscheinlich keine sind. Warum ist unsere Wohnung immer unordentlich? Ist es schlimm, dass meine Tochter so viel herumschreit? Warum habe ich so wenig anzuziehen? Wie oft und wie lange muss ich ausgehen, um behaupten zu können, eine Menge Spaß zu haben?

Allerdings ödet es mich zunehmend an, mich ausschließlich mit der Optimierung meines Privatlebens zu beschäftigen. Und so fasste ich vor einiger Zeit einen Beschluss: Ich will etwas tun – für andere Menschen oder eine wichtige Sache. Tagelang grübelte ich darüber nach, welcher neuen Aufgabe ich mich widmen könnte: Das eine war zu deprimierend für mich, das andere schien nutzlos, das nächste zu zeitaufwendig. Dann, endlich, hatte ich die zündende Idee: Ich werde Globalisierungsgegnerin!

Nicht dass ich viel verstehe von Weltwirtschaft und ökonomischen Theorien, aber prinzipiell ist die Sache doch klar: Im Namen der Globalisierung werden wenige Aktionäre immer reicher und viele Arme immer ärmer, Urwälder werden gerodet und Menschen entweder entlassen oder ausgebeutet. Neulich wollte mir eine Banktante Anteile an einem Fonds verkaufen, der in Wertpapiere aus Russland, China und Indien investiert. Russland, China, Indien! »Aufstrebende Wirtschaftsregionen, sehr viel versprechend, diese Geldanlage«, sagte die Beraterin. »Hm«, sagte ich, »können Sie mir Auskunft darüber geben, wie es in diesen Ländern mit dem Arbeits- und Umweltschutz steht? Ich bin zwar leider nicht frei von jeder materiellen Gier, aber mein Geld auf Kosten von arbeitenden indischen Kindern, verseuchtem russischem Erdboden und unterbezahlten chinesischen Lohnsklaven zu vermehren kommt mir doch ein bisschen, sagen wir, unappetitlich vor.«

An einem Montagabend machte ich mich auf zum Kulturzentrum, um am Monatstreffen der hiesigen Regionalgruppe von Globalisierungskritikern teilzunehmen. Den Termin hatte ich im Internet gefunden. Ich ließ einen Mann und zwei quengelige, die Leberwurst vom abendlichen Brot kratzende Kinder zurück, um Teil einer internationalen Protestbewegung zu werden und mich um Wichtigeres zu kümmern als um Tischmanieren: Ich würde dazu beitragen, die Macht der Konzerne einzudämmen und die Welt durch die Besteuerung von Spekulationsgewinnen vor dem Ausverkauf zu retten. Im Café des Kulturzentrums saßen an verschiedenen Tischen mehrere Zweier- und Dreiergruppen. Keine von ihnen versprühte eine umstürzlerische Aura. Ich scheute mich, von Tisch zu Tisch zu gehen und zu flüstern: »Seid ihr Globalisierungsgegner?« Und so erkundigte ich mich beim Barmann. Schulterzucken: »Wo soll'n die sich treffen? Hier? Guck mal in den Besprechungsräumen.« Sie waren leer.

Ich wartete von sieben bis halb acht. Keiner kam. Wahrscheinlich gab es nur drei Globalisierungsgegner in unserer Stadt, und ausgerechnet heute hatte einer von ihnen Liebeskummer, der nächste Bauchweh und der dritte Elternabend. Oder aber – ich hatte mich im Termin geirrt. Fest stand jedenfalls: Ich war allein und maßlos enttäuscht. Ich konnte unmöglich gleich wieder nach Hause fahren, um so banale Aufgaben wie Zähneputzen und Schmusetuchsuchen zu übernehmen. Ich rief meine Freundin Betsi an. Betsi hat wie ich zwei Kinder, die Kinder kreischten im Hintergrund. »Was ist los?«, fragte ich. »Stevies Kuscheltier ist weg, Sadie will keine Zähne putzen, und ich muss hier raus«, sagte Betsi.

Betsi und ich trafen uns in einer Bar. In der Bar saßen überdurchschnittlich viele überdurchschnittlich gut aussehende junge Männer herum. Wir tranken Mojito und guckten die jungen, gut aussehenden Männer an. Die jungen Männer tranken auch Mojito und guckten uns nicht an. Nach dem zweiten Mojito verkündete Betsi mir ihre neueste Idee: Sie will Popsängerin werden.

Warum Mädchen Fußball spielen sollten

Mit Fußball habe ich angefangen kurz bevor sich mir die Pubertät in ihrer ganzen erbarmungslosen Verwirrtheit offenbarte: als ich noch dachte, die Sache mit den Jungs und den Mädchen sei nicht mehr als ein besonders spannendes Spiel.

Ich spielte nie im Verein, sondern immer nur auf öffentlichen Bolzplätzen. Vor 25 Jahren gab es kaum Mädchenmannschaften, und wenn es sie gab, dann trainierten sie im übernächsten Stadtteil, und selbst wenn es in unserem Stadtteil einen Verein mit einer Mädchenmannschaft gegeben hätte, ich wäre nicht hingegangen, denn als Mädchen offiziell und im Vereinstrikot Fußball zu spielen, besaß Anfang der 80er einen Charmefaktor, der gegen minus Hundert tendierte, und wäre gesellschaftlicher Selbstmord gewesen. Da hätte ich auch gleich in einen Wrestling-Club eintreten können.

Ernsthaft Fußball spielende Weiber waren den Jungs also ein Graus. Die Grundregeln des Freizeitkickens beherrschende Mädchen dagegen waren gerade noch okay bis exotisch. Um das Erwachsenwerden ein wenig aufzuschieben und weiter mit den Jungs spielen zu können, die auf Räuber & Gendarm schon längst keine Lust mehr hatten und noch keine Lust auf Flaschendrehen, waren mir meine unrasierten Schienbeine nicht zu schade: Ich schloss mich einer Gruppe aus meiner Klasse an, die sich jeden Freitagnachmittag auf einem Bolzplatz traf, und lernte stürmen, stoppen, dribbeln. Ich galt als Verteidigerin ohne Furcht und Tadel und lernte es hinzunehmen, dass – wann immer ich im Strafraum dank einer beherzten Grätsche den Ball rettete – der von mir ausgespielte Junge zu Boden fiel, sich stöhnend das Knie rieb und laut schwor, er sei von mir gefoult worden. Ich begriff, dass dieses Verhalten Ausdruck dessen war, was man »Männerstolz« nannte, und lernte für's Leben: Den zu verletzen war offensichtlich noch tausendmal schmerzhafter als ein saftiger Treffer mitten in die Eier.

Je verzwickter meine Teenager-Existenz im Laufe der Zeit wurde, desto wichtiger wurde der Fußball für mich. Beim Fußball war für eine oder zwei Stunden alles ganz anders als im echten Leben, nämlich einfach: Unter Fußballjungs zählte nicht Charme, sondern Schnelligkeit. Man musste nicht schlagfertig sein, sondern geschickt. Bei den Fußballjungs gab es keine chiffrierten, sich ständig verändernden, von Gefühlen diktierten Spielregeln – man konnte sich darauf verlassen, dass ein Foul ein Foul war und ein Abseits ein Abseits. Bei den Fußballjungs war ein Sieger ein Sieger und kein Streber. Man musste nicht ausdiskutieren, wer Freund war und wer Feind. Man musste nicht lernen, über sich und seine Gefühle zu reden, sondern Tore schießen oder verhindern. Man brüllte seine Teamkollegen wütend an und hielt trotzdem zusammen, statt sich Abschiedsbussis zu geben, hinterher heimlich übereinander zu lästern und sich irgendwann »auszusprechen«. Auf die Fußballjungs musste man nicht Rücksicht nehmen, man musste mit ihnen kämpfen. Bei ihnen spielte dieser ganze Laber-Zicken-Kram, durch den man durchmuss, wenn man zum kommunikativen Geschlecht gehört, keine Rolle: Wenn man mit den Fußballjungs zusammen war, konnte man für eine Weile die Bürden des Mädchenseins vergessen. Das war sehr schön.

Ich würde immer noch gerne Fußball spielen, aber als Mutter Mitte Dreißig Fußball spielen zu wollen, scheint eine mindestens so abwegige Idee zu sein, wie die, sich mit Achtzig ein Bauchnabelpiercing machen zu lassen. Gründet jemand mit mir in Hamburg eine Frauenfreizeitfußballmannschaft?

Das Phänomen, morgens nie vor 7:49 Uhr aus dem Haus zu kommen

Normalerweise versuche ich es zu vermeiden, über den Alltag mit Kindern zu schreiben: Das Leben dreht sich bei Eltern zu vier Fünfteln um ihre Kinder. Warum sollte man das Augenmerk ausgerechnet auf diese vier Fünftel richten? Die wirklich interessanten Dinge befinden sich immer abseits vom Naheliegenden. Mit Kindern zu leben ist lustig, aber totaler humoristischer Mainstream – der abgenudeltste Nummer-eins-Hit in den Charts der Kategorie »Stoff für heitere Alltagsgeschichten«.

Außerdem habe ich den Verdacht: Über Kinder dürfen nur Männer schreiben, ohne ausgebuht zu werden. Wenn Männer über ihr Minderheitendasein auf Spielplätzen schreiben, über Breiflecken auf dem Anzug und über Fußballsammelbilder, die aus Aktentaschen auf Konferenztische fallen, also über die Tatsache, dass sie dann und wann bemerken, dass sie Väter sind, schlägt sich alle Welt gerührt auf die Schenkel. Wenn Frauen über ihre Kinder schreiben, dann denkt man: »Können die auch mal an was anderes denken als an ihre Kinder?«

Ja, können sie. Ich zum Beispiel kann mich, wenn es sein muss, den ganzen Tag mit anderem beschäftigen als mit meinen Kindern. Nur frühmorgens nicht.

Frühmorgens bündelt sich mein gesamtes Sein in einem einzigen Gedanken: »Heute, heute ist es so weit, heute wirst du unter der Last des Mutterseins zusammenbrechen.« Sollte der Zusammenbruch tatsächlich stattfinden, wird das an einem Mo., Di., Mi., Do. oder Fr. um exakt 7:49 Uhr geschehen. Um 7:48 Uhr müssten wir, meine Kinder und ich, das Haus verlassen, damit wir um 7:59 Uhr mit quietschenden Fahrradreifen vor der Schule vorfahren können, mein Sohn an der Lehrerin vorbei zum Pausenhof sprinten und vor ihr den Aufstellplatz erreichen kann. Wir schaffen es nie, um 7:48 Uhr loszukommen: Egal, wie früh wir aufstehen, eine göttliche Macht bewirkt, dass die Uhr Morgen für Morgen auf 7:49 Uhr steht, wenn wir fertig zum Aufbruch sind.

Falls es keine göttliche Macht ist, die die Uhr von eben noch 7:35 Uhr auf plötzlich 7:49 Uhr springen lässt, dann die Tatsache, dass mit Kindern nicht bloß der Euro nur noch zehn Cent wert ist, sondern auch die Minute nur noch zehn Sekunden: Auf jede zeitkalkulierbare Aufgabe, die meine Kinder morgens erledigen müssen (anziehen: 5 Minuten; entscheiden, was man frühstücken möchte: 10 Minuten; Frühstück: 12 Minuten; Klo: 2 × 3 = 6 Minuten; Zahnpasta aus der Tube drücken: 3 Minuten; Zähneputzen: 20 Sekunden), kommt das Fünffache an unberechenbaren Ereignissen (noch mal aufs Klo, streiten, wer zuerst Milch auf das Müsli gießen darf, Brotdoseninhalt kritisieren, vor dem Spiegel Grimassen ziehen usw.). Um 10 Netto-Minuten zu gewinnen, müsste ich eine

Brutto-Stunde mehr aus dem Tag herausschinden, das hieße, ich müsste den Wecker auf 5:30 Uhr stellen. Um 5:30 Uhr befinde ich mich im Reich der Toten! Außerdem: Je früher ich aufstehe, desto mehr Zeit glaube ich zu haben, ich würde, berauscht vom Zeitüberfluss, das Feuilleton lesen, Wollpullis mit der Hand waschen und Brötchen selbst backen – und plötzlich wäre es wieder: 7:49 Uhr.

Ich hasse Unpünktlichkeit, ich wurde zu strikter Pünktlichkeit erzogen, unpünktlich zu sein gestatte ich mir als eine Art Freundschaftsbeweis nur bei mir sehr nahe stehenden Menschen. Wenn ich ahne, dass ich mich verspäte, bekomme ich Schweißausbrüche und Herzrasen. Sollte ich also eines Tages verschwunden sein, sucht mich zwischen meinem Zuhause und der Grundschule meines Sohnes. Dort werde ich am Straßenrand vor mich hin dämmern und von Gleitzeitunterricht fantasieren, von einem 48-Stunden-Tag und von einer Welt, in der auch Männer nicht über ihre Kinder schreiben dürfen, ohne dass man denkt: Haben die auch noch etwas anderes zu erzählen?

Frau Lenz

Als Studentin hauste ich mit einer Freundin in einer typischen Hamburger Studentenbude: Altbau, zwei Zimmer, drei Quadratmeter Duschbad, in dem man, um in die Dusche zu gelangen, über das Klo steigen musste, eine verqualmte Küche und ein düsterer Balkon, den wir als Altglas- und Pfandflaschensammelstelle nutzten. Unter uns wohnte Frau Lenz, wie ich sie nennen will. Sie war vor damals vierzig bis fünfzig Jahren – genauer ließ sich das nicht schätzen – in jenem Haus zur Welt gekommen und hatte einen Teil ihrer Kindheit und Jugend, so viel wussten wir, in Heimen verbracht, um dann in ihr Geburtshaus zurückzukehren.

In ihre Wohnung trauten wir uns nicht, so muffig roch es im Treppenhaus, wenn sie die Haustür nur ein paar Augenblicke offen stehen ließ. Auch sonst bekam sie nie Besuch. Sie war groß, dürr, hatte lange fettige Haare und eine sehr dicke Brille mit einem sehr dicken Horngestell – ähnlich den Modellen, die heutzutage von jungen, Independent hörenden Männern getragen werden, die ihre innere Unabhängigkeit dadurch hervorheben, dass sie nichts unversucht lassen, um möglichst unattraktiv auszusehen. Frau Lenz' Garderobe stammte offensichtlich aus Kleiderkammern, und während des 70er-Revivals hat manch junger Mensch sie sicher um das eine oder andere Kleidungsstück beneidet. An ihrer Tür hing mit Schreibmaschine getippt ein vergilbtes Namensschild: »Frau Lenz«. Ihre einzige Freundin war eine herzkranke Dackeldame, deren Arztbesuche oftmals mehr kosteten, als sie sich leisten konnte. Darum lieh sie sich ab und an zwanzig Mark von uns, die sie gelegentlich auch zurückzahlte. Ihr Beruf: Sozialhilfeempfängerin. So hieß das damals, als man die Begriffe »Sozial« und »Helfen« noch in den Mund nehmen durfte, ohne dass sofort irgendjemand ausrief: »Und wer soll das alles bezahlen?«

Niemand, der Frau Lenz kannte, hätte ihr ernsthaft zumuten wollen, sich ihren Lebensunterhalt auf eine andere Art zu verdienen als durch ihre bloße Existenz. Frau Lenz und arbeiten? Unvorstellbar, und so war sie nicht nur eine angenehme Nachbarin, die jede fröhliche Versammlung in unserer Küche nutzte, um sich höchstpersönlich über den Lärm zu beschweren und bei der Gelegenheit – »Bei dem Krach, den ihr macht, kriegt man sowieso kein Auge zu!« – mit uns und unseren Freunden ein Bier zu trinken und ein paar Zigaretten zu schnorren. Sie war ein Mahnmal gegen den Zeitgeist, für so etwas wie kollektive Barmherzigkeit: Frau Lenz hatte immer nur Pech gehabt im Leben, und darum war sie so, wie sie war – ungebildet, unflexibel, ganz und gar nicht eingliederungstauglich in eine moderne Gesellschaft und vollkommen harmlos.

Als wir auszogen, luden wir sie zur Abschiedsparty ein. Sie tanzte, lachte mit einer Hand vor dem Mund, um die Zahnlücken zu verbergen, und verriet uns gegen drei Uhr morgens ihren Vornamen. Zum Abschied sagte sie: »Das war der schönste Tag in meinem Leben!« Es gibt sicher viele Nutznießer unseres Sozialsystems, deren Leben ich ausgesprochen ungerne mitfinanziere. Für Menschen wie Frau Lenz zahle ich gerne.

Miss Ellie und die Gefahren des Konjunktivs

Wenn ich morgens in die Küche komme, um mir von meinem Mann den Milchkaffee reichen zu lassen, begrüßt dieser mich zurzeit mit den Worten: »Hallo, Miss Ellie!« – »Miss Ellie« ist ein Kosename für spezielle Phasen unseres gemeinsamen Lebens, und zwar für solche, in denen mein Mann findet, dass ich, rein äußerlich, nämlich was meine Haare angeht, nicht das Optimum aus mir heraushole.

Warum mein Mann mich ausgerechnet »Miss Ellie« nennt, wenn er findet, ich sollte endlich mal wieder zum Friseur gehen, lässt sich nicht klären: Egal, wie lange ich nicht zum Friseur gegangen bin, niemals sehe ich auch nur im Entferntesten aus wie Barbara Bel Geddes in der Rolle der »Dallas«-Übermutter – dann schon eher wie die ungeduschte Linda Gray. Ich müsste mir nur noch einen seidenen Morgenrock zulegen, mir eine leere Flasche Whiskey unter den Arm klemmen, meinen ohrenlangen Pony zur Seite föhnen und mit Drei-Wetter-Taft fixieren, dann wäre ich eine fast perfekte Sue-Ellen-Imitatorin. Obwohl »Miss Ellie« also gar nicht passt und ich mit dreizehn unbedingt aussehen wollte wie »Pamela« Viktoria Principal, lasse ich mich von meinem Mann sehr gerne »Miss Ellie« nennen, denn »Miss Ellie« ist ein Liebesbeweis. Liebte mein Mann mich nur ein bisschen weniger, als er es offensichtlich tut, würde er sagen: »Mal ehrlich, du siehst scheiße aus.« Ich müsste einerseits »Stimmt!« antworten und andererseits darüber nachdenken, ob und in welchem Umfang ich gekränkt sein soll. Weil mein Mann »Miss Ellie« sagt, muss ich gar nichts antworten, sondern darf schon am frühen Morgen ein bisschen lachen.

Dass ich in Zeiten nationaler Streikwellen meinen ganz privaten Friseur-Streik angezettelt habe, kam so: Erst habe ich vor dem Spiegel ein paar Mal zu oft »Ich muss mal wieder« gesagt. Daraus wurde irgendwann der – auch Irrealis genannte – Konjunktiv II (»Ich müsste mal wieder!«), der irgendwann im resignativen Irrealis der Vergangenheit mündete: »Ich hätte längst mal wieder gehen müssen.« Ein bekanntes Phänomen: Bestimmte Sachen muss man regelmäßig tun. Wenn man sie nicht regelmäßig tut, verlernt man nach und nach, sie überhaupt irgendwann wieder tun zu wollen, bis man schließlich gar nicht mehr weiß, wie gut es einem ginge, wenn man sie einmal wieder getan haben würde. Joggen, Freunde anrufen und ehelicher Sex gehören zu diesen Sachen – wobei die Konsequenzen im zwischenmenschlichen Bereich ungleich drastischer ausfallen als beim versäumten Haarschnitt: Zwischen dem Vorsatz »Wir sollten öfter miteinander sprechen/schlafen« und der Feststellung »Wir hätten öfter miteinander sprechen/schlafen sollen« liegt ein sprachlich feiner, aber emotional nicht kleiner und darum bedrohlicher Abgrund.

Was meine Haare angeht, habe ich inzwischen sogar den Konjunktiv II überwunden und einen quasibuddhistischen, jenseits aller irdischen Bedürfnisse angesiedelten Zustand erreicht: Es ist mir gerade total wurscht, wie ich auf dem Kopf aussehe. Anders, als einem ständig suggeriert wird, geschieht nämlich gar nichts Entsetzliches, wenn man mal eine Zeit lang aufhört, das Optimum aus seinem Äußeren herauszuholen: Die Nachbarn grüßen weiter, der Krimi bleibt spannend, die Jahreszeiten kommen und gehen, die Kinder wachsen, die Erde dreht sich. Rein gar nichts passiert, wenn man nicht mehr zum Friseur geht, außer dass die Haare länger und länger werden – und man sich dann und wann fragt, ob es sein könnte, dass der Mann irgendwann aufhört, »Miss Ellie« zu sagen. Sondern eines Tages erklärt: »Du hättest öfter zum Friseur gehen sollen!«

Die Unmöglichkeit, mit 104 000 Euro auf der Bank das Leben zu genießen

Die hiesige Sparkasse verteilt zur Einschulung Gutscheine über zwei Euro fünfzig, die die Erstklässler einlösen können – sofern sie ein Sparkonto eröffnen. Das nenne ich mal eine engagierte Nachwuchsförderung: »Bloß nicht das Taschengeld für Playmobil verjubeln, denk an deine Ausbildung!« Da darf man guter Dinge sein, dass Deutschland erfolgreich den Knauser-Weltmeistertitel verteidigen wird: 104 000 Euro Guthaben, las ich, hat jeder deutsche Haushalt im Durchschnitt angehäuft. 104 000 Euro!

Mich machen solche Daten immer ein bisschen befangen. Für den Statistikkenner ist es ja schon schwierig, mit einem anderen Ehepaar zusammenzusitzen, ohne zu denken: »Rechnerisch gesehen steuert die eine Hälfte der hier Anwesenden auf eine Scheidung zu. Wir sind es nicht, also seid ihr es.« Und nun diese 104 000, die der 08/15-Deutsche angeblich auf Konten, in Depots, Versicherungen und Pensionskassen hortet: Unser Erspartes beläuft sich auf ein unterdurchschnittlich mickriges Bruchteilchen dieser Summe, was bedeutet, dass andere sogar viel mehr angespart haben als 104 000 Euro. Wohlmöglich sind ausgerechnet jene Bekannte, die wir ständig bekochen, weil wir denken, sie könnten es sich nicht leisten, essen zu gehen, überdurchschnittlich knickrige Rekordsparer, die auf unsere Kosten die Vermögensbildung vorantreiben und durch ihre gelebte Konsumschwäche unsere Wirtschaft ruinieren. Herrje, solche Zahlen vergiften das menschliche Miteinander.

Es ist die Versorgungslücke bzw. das Rentenloch, das die Deutschen in den Sparzwang treibt. Im Internet kann man den exakten Durchmesser seines persönlichen Loches errechnen. Bei uns würde vermutlich herauskommen, dass das Loch kein Loch und schon gar keine Lücke ist, sondern eher so etwas wie ein Krater. Ich werde einen Teufel tun, unser Rentenloch zu vermessen! Ein diagnostiziertes Loch will gestopft werden, und ich wüsste nicht, womit wir das tun sollen, ohne das Hier und Jetzt zu bestehlen. Im Hier und Jetzt brauchen wir unser Geld, um Zeit zu kaufen, davon haben wir nämlich zu wenig. Die Ausgaben für zeitsparende und damit entspannend wirkende Dienstleistungen wie Babysitter, Pizzaservice, Handwerker und Putzfrau hauen derartig rein, dass wir einen zwanzig Jahre alten Gebrauchtwagen fahren, auf Stühlen aus WG-Zeiten sitzen und Anlageberater sich monatelang die Zähne ausbeißen müssen, um uns hundert Euro abzuschwatzen. Dafür haben wir jetzt gute Laune, statt verschreckt in eine verkraterte Zukunft zu starren – und ein reines Gewissen. An uns kann es nicht liegen, dass die deutsche Wirtschaft schwächelt: Wir geben alles!

Ich habe vor, das Loch auszutricksen: Wenn ich Rentnerin bin, wird es sich umgekehrt verhalten – wenig Geld, viel Zeit. Ich werde es endlich schaffen, Nähkurse in der Volkshochschule zu belegen, und meine Kleidung selbst schneidern. Mein BRIGITTE-Kollege Till Raether kann mir zeigen, wie man Gurken einmacht. Ich werde Sonderangebote studieren und wissen, wo das Kilo Hack 30 Cent billiger ist als woanders, ich werde selbst gezüchtete Dahlien und eigenhändig getöpferte Vasen verschenken, auf dem Weg zu den Enkeln meine Tage in Regionalzügen vertrödeln und dabei Bücher lesen, die ich beim Stadtbummel aus der Bücherei ausgeliehen oder, noch besser, selbst geschrieben habe. Ich werde all das tun, wofür ich jetzt keine Zeit habe, und das Loch einfach zusparen. Langweilen werde ich mich nicht.

Waffel-Verteilungskämpfe

Einmal im Sommer habe ich ein Fest besucht: ein Fest für Groß und Klein, ausgerichtet von Menschen, die für eine bessere Welt kämpfen – für Gerechtigkeit, Frieden und Naturschutz. Ich hege ein grundsätzliches Wohlwollen gegenüber solchen Veranstaltungen. Sie nähren meine Hoffnung, dass die Apokalypse sich doch noch verschieben lässt. Junge Leute machten Samba-Musik. Ungekämmte Kinder verteilten großflächig Fingerfarben auf Latzhosen und dem auf die Straße gemalten Gemeinschaftsbild, das eine Weltkugel darstellen sollte. Mein Sohn versenkte die Vereinigten Staaten von Amerika und seine nagelneuen Turnschuhe unter einem viertel Liter Rot. Väter schwatzten ihren Töchtern die Liegend-Dreiräder ab, die jene nach einer halben Stunde Anstehen ergattert hatten, und veranstalteten Wettfahrten. Betsi und ich saßen in der Sonne und waren heiter gestimmt: Es lebt sich gut in unserem Stadtteil, aber er tut sich nicht gerade dadurch hervor, ein Hort der Subkultur und des Querdenkertums zu sein. Stattdessen herrscht bei uns, darauf würde ich einiges wetten, die höchste Sonnenstudio-Dichte der Republik – und mit über dreißig keine Einbauküche zu haben genügt, um für ein bisschen ausgeflippt gehalten zu werden. Übrigens hätte ich schon damals sehr gerne eine Einbauküche gehabt, aber weil wir ja noch viel dringender ein neues Sofa brauchten, musste ich für's Erste mit einem falschen Image weiterleben. Angesichts dieser regionaltypischen Umstände genossen Betsi und ich die Abwechslung, unter Menschen zu sein, deren Mehrzahl sicher nicht einmal einen Geschirrspüler ihr Eigen nennen durfte.

Wir nippten behaglich am Bio-Apfelsaft, als plötzlicher Heißhunger auf etwas Süßes sich unserer bemächtigte. Ich steuerte den Waffelstand an, nahm jedoch fast wieder Reißaus, als ich erfuhr, dass es sich um Vollkorn-Buchweizen-Waffeln handelte. Eine Kennerin in der zehn Meter langen Schlange hielt ein solch flammendes Plädoyer für die verkannten kulinarischen Vorzüge von Vollwert-Süßigkeiten, dass ich blieb. Es dauerte eine halbe Ewigkeit, bis ich in die Nähe der Waffeleisen aufgerückt war. Kurz vor dem Ziel wurde mir klar, warum: Neben vier runden gab es ein eckiges Waffeleisen, das etwas größere Waffeln produzierte als seine herzigen Kollegen. Wer eine eckige Waffel erwischte, war eindeutig privilegiert. Und so hatte sich eine Rechteck-Waffel-Anwärter-Extra-Schlange gebildet, in der sich strohblonde Rastafaris, Atomkraftgegner und andere lockere Typen stauten, um für einen Euro fünfzig drei Quadratzentimeter mehr Waffel zu bekommen als die Allgemeinheit. Die waffelbackenden Studentinnen waren zu tolerant, um diese Extrawünsche abzulehnen, und stürzten damit das ganze Waffel-Verkaufsprojekt in ein mittleres Chaos. Ich pfefferte drei Euro auf die

Theke, schnappte zwei herumliegende runde Waffeln – und eilte zu Betsi, um bei ihr ganz und gar intolerante Anmerkungen über alternative Geizkragen und Waffel-Verteilungskämpfe auf deutschen Eine-Welt-Festen loszuwerden. Was blieb, war Erkenntnis und Verbitterung: 1.) Eine gerechte Verteilung von Nahrung und Reichtum wird es niemals geben. 2.) Fettige Weizen-Waffeln aus weißem Mehl schmecken zehn Mal besser als Vollwert-Buchweizen-Waffeln.

Die hormonelle Konterrevolution

Ich habe beim Aufräumen Staub entdeckt. Unter unserem Bett: eine dicke, pelzige Staubflockenkolonie. Eine adäquate Reaktion wäre es gewesen zu schlussfolgern: »Huch, da muss wohl dringend mal wieder geputzt werden!«

Eine unangemessene Reaktion ist die Schlussfolgerung, die ich heute gezogen habe: »Dass unter dem Bett Staub liegt, ist ein Zeichen – ein Zeichen dafür, dass in meinem Leben nichts, aber auch gar nichts stimmt. Nach außen mag es geordnet, womöglich sogar glücklich wirken, aber dieser Staub hier ist der handfeste Beweis dafür, dass in Wahrheit nichts so ist, wie es sein soll: Ich habe den falschen Beruf, den falschen Mann, die falschen Freunde, die falschen Kinder, das falsche Alter. Ich lebe in der falschen Stadt, in der falschen Wohnung, in der falschen Klimazone, mit dem falschen Gesicht. Es ist völlig unmöglich, mit Staub unter dem Bett glücklich zu sein. Genauso unmöglich ist es, den Staubsauger aus der Kammer zu holen und den Staub wegzusaugen: Ich bin die Hauptfigur einer Tragödie!«

An cirka 21 von 28 Zyklustagen neige ich mit ziemlicher Verlässlichkeit dazu, auf Schmutz, Unordnung und ähnliche Unbill halbwegs angemessen zu reagieren. Wie unangemessen ich an den restlichen Tagen auf trödelnde Kinder, mein eigenes Spiegelbild, Nebenkostenabrechungen, verlorene Handschuhe, umgekippte Saftgläser und abgesagte Verabredungen reagiere, ist unkalkulierbar. Wenn ich Glück habe, gerate ich in leichte Verstimmung. Wenn ich und die mir nahe stehenden Menschen Pech haben, gerate ich in eine tiefe Sinnkrise. Je tiefer die Krise, desto größer die Passivität, die mich lähmt und es mir unmöglich macht, Staubsauger oder anderes praktisches Gerät in die Hand zu nehmen, so dass ich das Elend der Welt (z. B. Staub) nur achselzuckend zur Kenntnis nehmen und maximalaggressiv kommentieren kann. An besonders schlechten Tagen ist es nicht ausgeschlossen, dass ich in Tränen ausbreche. Der einzige Aktionismus, zu dem ich an solchen Tagen fähig bin, besteht im Gang zum Kühlschrank, den ich beherzt leer fresse: »Scheiß drauf, ich bin sowieso eine fette, hässliche, unsympathische Qualle!«

Jahrhundertelang haben Frauen für das Recht gekämpft, mehr zu sein als Gebärmaschinen. Noch heute verwenden wir einen Großteil unserer Kraft darauf, uns und der Welt zu beweisen, dass der Sinn unseres Daseins nicht einzig und allein darin besteht, Kinder in die Welt zu setzen und groß zu ziehen. Alles für die Katz: Einmal im Monat bricht in meinem weiblichen Körper eine hormonelle Konterrevolution aus und wälzt sämtliche intellektuellen, historischen, soziologischen Barrikaden platt: »Alle Macht der Biologie!« Was soll denn das Prämenstruelle Syndrom sonst sein als eine Strafe der Natur dafür, dass ich wieder einmal die aus ihrer Sicht einzig existenzberechtigende Mission – schwanger werden – nicht erfüllt habe? Ich wage es nicht, mir meine Wechseljahre auszumalen.

Gute Laune? Reine Haut? Schöne Haare? Selbstbewusstsein? Ausgeglichenheit? Witz, Charme, Ausstrahlung? – »Kommt gar nicht in Frage, Baby, in deinem Fall total vergeudet, bist gerade sowieso nicht fruchtbar.« Es ist doch wirklich zum Kotzen.

Das Fernsehen ist an allem schuld

Ich habe einen neuen Feind: das Fernsehen. Meine neue Feindschaft ist mir zu einer Mission geworden. Mein aktuelles Motto heißt: »Das Fernsehen verteufeln, wo es nur geht!« Meine Feindschaft beruht auf der Annahme, dass das Fernsehen an allen gravierenden Problemen Schuld ist, die unsere Gegenwart zu bieten hat. Abgesehen davon, dass 90 Prozent des Programms aus unerträglich geschmacklosem Schwachsinn bestehen – Fernsehen bleibt Fernsehen, selbst wenn man von morgens bis abends Arte- und Phoenix-Dokumentationen guckt: Fernsehen kann in seltenen Fällen schlau oder sogar glücklich machen, zu viel davon macht in jedem Fall träge und einsam.

Männer und Frauen glotzen, statt miteinander zu reden oder zu schlafen: Die Scheidungsrate nimmt zu, die Geburtenrate ab. Wer früher Eltern hatte, die sich nicht kümmern konnten oder wollten, flüchtete auf die Straße oder in den Hinterhof, wo man mit Gleichaltrigen tobte, Abenteuer erfand, die Welt auf eigene Faust entdeckte und wenigstens eine Minimalchance hatte, seinem Schicksal zu entkommen. Heute sitzen solche Kinder Chips fressend vor dem Kasten, gucken SuperRTL und werden immer dicker, doofer und konsumgeiler.

Was ganz früher die Religion war, nämlich das

»Opium des Volkes«, ist heute das Fernsehen: Gibt es eine wirkungsvollere Methode, Menschen zu betäuben, als sie rund um die Uhr mit bunten Bildern zu berieseln? Immer neue Massenentlassungen, ohnmächtige Politiker, ein sich auflösender Solidarpakt: Statt in die Öffentlichkeit zu drängen und für eine bessere Wirklichkeit zu streiten, sitzen wir zu Hause (»Draußen ist es so ungemütlich!«) und lassen uns in die nichts sagende Welt der perfekten Schönheit, der Polit-Shows und Privatdramen entführen – im Schnitt dreieinhalb Stunden pro Tag. Was könnte man in dieser Zeit nicht alles tun, für sich und für andere?

Lange fand ich es völlig normal, fernzusehen, weil ich fernsehen mit Nichtstun verwechselt habe, und gelegentliches Nichtstun ist ein für das seelische Wohlbefinden immens wichtiger Zeitvertreib. Darum sind die Kinder es gewohnt, nach dem Abendbrot KiKa konsumieren zu dürfen. Sie dürfen das bildungsnahe Elterngewissen beruhigende Programme wie »Klugscheißen mit Shari und Ralph« (»Wissen macht Ah*!*«) sehen oder »Wir testen die Besten« – eine Art »Wer wird Millionär?« für Minderjährige: Vor einiger Zeit wusste ein vierzehnjähriger Klassen-»Bester« nicht, dass ein Indianerzelt »Tipi« heißt, und tippte anschließend, das Meerschweinchen stamme vom Hausschwein ab. Würden Sie dem eine Lehrstelle geben? Zuzulassen, dass Menschen in aller Öffentlichkeit und binnnen fünf Minuten ihr Leben ruinieren, ist eine im Fernsehen täglich hundertfach begangene Menschenrechtsverletzung.

Auch mein Mann guckt immer noch ganz gerne Fernsehen, ich verweigere ihm dann die Gemeinschaft und lege mich mit oder ohne Buch ins Bett, während er nebenan mit der Fernbedienung auf dem Sofa sitzt. Unser Schlafzimmer ist durch eine Flügeltür vom Wohnzimmer getrennt. Manchmal will er etwas Bestimmtes gucken, manchmal einfach irgendetwas: Dann drückt er sich durch die Kanäle, und ich höre sie vom Bett aus parallelplappern, die tausend, niemals verstummenden, den Verstand einlullenden Stimmen, die aus dem Fernseher durch die Flügeltürritzen in meine stille Gemütlichkeit sickern und sie mit Belanglosigkeit besudeln. »Mach aus!«, rufe ich dann. »Du musst nur den roten Knopf drücken, es ist ganz einfach, du schaffst es! Komm zu mir, hier bin ich, deine warme, weiche, willige Frau!« Im Kampf gegen das Böse darf man kein Mittel scheuen.

Teebeutel statt Titten

Es gibt Modegeschäfte, die ich nicht mehr betrete, weil es dort statt Damen- nur Kinderbekleidung gibt. Zwar beteuert das Verkaufspersonal in diesen Läden das Gegenteil – ich aber kann nicht fassen, dass die Oberteilchen, die dort in den Regalen liegen, irgendeinem Wesen passen sollen, das den Namen Frau verdient. Nach solchen Ausflügen in die Welt der perfekten Miniaturkörper suche ich Trost bei Betsi. Betsi ist sehr hübsch, sie ist – noch wichtiger – sehr liebenswert, und sie ist – in solchen Fällen überlebenswichtig –, wie viele Briten, sehr schamlos. Wenn man sie bittet, einen dicken Bauch zu machen, dann pumpt sie ihren Unterleib auf, bis sie aussieht, als sei sie im achten Monat schwanger. Und schon kann ich wieder lachen.

Einmal saßen wir in der Küche, tranken Milchkaffee, versuchten unsere Kinder zu ignorieren und führten ein Fachgespräch über mütterliche Berufserkrankungen. Betsi hatte gerade ihr zweites Kind abgestillt: »Wahnsinn! Milch weg, schwupps, Titten weg. Ich hatte ja nie einen großen Busen, aber jetzt, nach zwei Kindern – gar nix mehr. Nur noch Haut. Willste mal sehen?« Bevor ich äußern konnte, dass sie das jetzt nicht tun müsse, wenn sie es nicht wirklich wolle, stand sie mitten in der Küche, riss das Shirt hoch und präsentierte ihre Brüste – vielmehr das, was davon übrig geblieben war, nämlich nichts. Sie zupfte verächtlich an den Überresten herum. Ich hätte ihr gerne etwas Tröstendes gesagt, aber mir fiel nichts ein. Also lachte ich. Betsi lachte mit. Ich murmelte etwas von Teebeuteln, Betsi schlug sich auf die Schenkel: »Hilft nichts, ich brauche neue!« Schließlich wollte sie damals noch Popsängerin werden, und mit Teebeuteln ging das wohl nicht. Eine Freundin aus Südafrika hatte ihr erzählt, dass Schönheitsoperationen dort unheimlich günstig seien. Ich wies auf das Risiko einer HIV-Infektion hin.

Außerdem bin ich rigorose Gegnerin jeder Verschönerungs-Schnippelei. Für mich ist es eine Frage der Ehre, dass man als erwachsene Frau die gängigen Abnutzungserscheinungen gelassen hinzunehmen versucht. Jede Frau über dreißig hat genug Zeit gehabt, ihre charakterlichen, erotischen, sozialen und intellektuellen Gaben auszubilden, was braucht sie da noch einen perfekten Körper? Aber vielleicht habe ich auch nur gut reden: Im Vergleich zu ehedem makellosen Schönheiten habe ich wenig zu verlieren und übe mich bereits seit der Pubertät darin, mit einem durchschnittlichen Äußeren zu leben.

In Betsis besonderem Fall aber hätte ich unter Umständen ein Einsehen gehabt. Gerade wollte ich ihr mitteilen, dass ich ihren Wunsch nach neuen Brüsten tolerieren könnte, da rief sie: »Ach was, das würde ich niemals machen! Ich traue mich ja nicht mal zum Zahnarzt!« Ich schlug vor, stattdessen zum Friseur zu gehen – das ist allerdings heutzutage ja auch nicht mehr viel billiger als eine Schönheits-OP.

Der Beweis, dass positiv denken auch nicht immer glücklich macht

THESE: Die Menschen denken heutzutage alle viel zu negativ.

BEISPIEL: Ich. Vor einiger Zeit guckten mein Mann und ich Roman Polanskis »Oliver Twist«. Danach sagte mein Mann: »Angenehm altmodisches Kino war das. Einfache Geschichte. Gut gespielt. Spannend erzählt. Happy End.« Ich: »Aber nein! Mit dem Happy End konnte Charles Dickens vielleicht 1873 landen, damals, als die Menschen zwar Angst vor Hunger, Wochenbettfieber und ewiger Verdammnis hatten, ansonsten aber positiv dachten. Darauf fällt doch heutzutage keiner mehr rein. Jeder weiß, dass Oliver niemals glücklich wird.« Mein Mann: »?« Ich: »Weil er als Findelkind von keiner liebenden Mutter gestillt, sondern vernachlässigt und misshandelt wurde. Bindungsstörung! Frühkindliches Trauma! Und dieser schmierige Greis, der ihn am Ende angeblich aus reiner Nächstenliebe zu sich nach Hause holt: Nachtigall, ick hör dir trapsen!« Mein Mann: »Findest du nicht, du siehst die Dinge ein bisschen zu negativ? Lass uns ins 439 und zwei Gin Tonic trinken, das hilft.«

Zwei Gin Tonic im 439 helfen immer: Sie bestehen aus mehr Gin als Tonic, danach sieht man nichts mehr negativ, sondern alles doppelt. Nun ist erstens Alkohol auch keine Lösung und zweitens erst recht keine Lösung, wenn das Leben gerade nicht das macht, was man von ihm will: wenn zum Beispiel binnen sechs Tagen das vor einem Jahr gekaufte Auto den Geist aufgibt und einem die Wohnung gekündigt wird. Man ist versucht, drei Gin Tonics zu trinken, aber mit so etwas will ich gar nicht erst anfangen. Nachher erzähle ich alles doppelt: Darum habe ich im 439 nur einen Gin Tonic getrunken. Das reichte mir, um an diesem Abend vergnügt, aber trotzdem klar in die Zukunft blicken zu können.

GEGENBEISPIEL: Eine meiner vielen Chefinnen hatte mir einen Zeitungsausriss gegeben. Sie sagte: »Die Frau musst du unbedingt mal anrufen!« Die Frau hatte eine Anzeige in der *SZ* aufgegeben: »Berufstätige, Hund, 2 Kinder (alle gut erzogen) sucht 4-Zimmer-Wohnung ab 80 qm in Schwabing, bis 700 Euro warm.« Die Chefin und ich kamen überein: Ein solches Gesuch kann nur schalten, wer so reinen Herzens an das Gute glaubt, dass ihn die realen Verhältnisse auf dem Münchner Wohnungsmarkt nicht im Geringsten anfechten – also ein gegen jede neumodische Negativ-Denke immuner, durch und durch positiv gepolter Mensch. Ich rief an. Ich wollte eine schöne Story über eine freundliche allein erziehende Angestellte mit zwei reizenden Kindern und einem fidelen, stubenreinen Mops, der es kraft ihrer positiven Ausstrahlung gelungen war, eine topsanierte 100-qm-Altbauwohnung mit Dachterrasse, Wohnküche, Stuck und Parkett für 542 Euro inkl. zu finden. Eine solche Geschichte hätte uns allen Mut gemacht. Ich sagte: »Guten Tag, Julia Karnick, BRIGITTE.« Die Frau sagte: »Oh Gott, nein, ich will kein Abo, lassen Sie mich in Ruhe, die Telekom hat gerade schon angerufen, die Citibank auch, ihr könnt mich alle mal.«

SCHLUSSFOLGERUNGEN: a) Es kommt nicht darauf an, ob man positiv oder negativ denkt, sondern darauf, wie viel Spaß man dabei hat. b) Die Menschen heutzutage denken entweder zu viel oder zu wenig. c) Soll doch jeder denken dürfen, was er will. Hauptsache, er denkt vorher nach.

Sie will wieder

Das Telefon klingelte um Mitternacht. Es war Betsi. Das mit ihrer Karriere als Popsängerin kam nicht recht in die Gänge, darum schrieb sie an einer Bewerbung als Sekretärin. Die Frist lief am nächsten Tag ab: »Hey, schreibt man ›widerwillig‹ mit i oder mit ie? Und was soll ich bei Hobbys hinschreiben?« – »Mit i«, sagte ich. »Und was du in deiner Freizeit tust, geht die gar nichts an.«

»Ich könnte ›Sportangeln‹ schreiben«, sagte Betsi. »Bloß nicht«, sagte ich. »Sportangeln ist das allerdämlichste Hobby, das ich kenne.« Betsis Mann ist Sportangler. Sportangler bezahlen Geld dafür, dass sie ihre Angeln in irgendwelche Teiche halten dürfen, in denen Fische gezüchtet werden. Wenn ein Fisch anbeißt, ziehen die Sportangler ihn heraus und wiegen und messen ihn, um vor anderen Sportanglern damit angeben zu können, was für einen schweren und großen Fisch sie geangelt haben. Dann machen sie ein Beweisfoto und schmeißen den Fisch in den Teich zurück. Ich finde, sich damit zu brüsten, dass man viele große und schwere Zuchtfische aus einem Zuchtteich gezogen hat, ist ungefähr das gleiche, wie in den Puff zu gehen und hinterher zu behaupten, man habe massenhaft Frauen aufgerissen: Zu so viel Selbstbetrug sind nur Männer fähig, weshalb Sportangeln vermutlich zu den typischen Männerhobbys gehört. »Okay, thank you and sleep well!«, sagte Betsi.

Im Bett fiel mir ein, dass ich versäumt hatte, zwei drängende Fragen zu klären – nämlich a) warum Betsi, die Britin mit den mangelhaften deutschen Rechtschreibkenntnissen, ausgerechnet als Sekretärin arbeiten will, und b) was der Begriff »widerwillig« in einer Bewerbung zu suchen hat. Ich grübelte über das Thema »Hobbys« nach. Gegen das Wort »Hobby« hege ich eine nicht begründbare, tief sitzende Aversion, obwohl ein Hobby an sich etwas Wunderbares ist: laut Duden eine »Beschäftigung, der man aus Freude an der Sache in der Freizeit nachgeht«. Noch die Generation meiner Eltern fand es völlig normal, Hobbys zu haben. Wer Platz hatte, richtete sich in den 70ern – statt des heute üblichen privaten Fitness-Raumes – einen so genannten »Hobbykeller« ein, wobei uns Kindern nie klar war, welcher Art von Hobby dort nachgegangen wurde. Meine Freundin A. behauptet, ihre Eltern hätten den Hobbykeller ihres Reihenhauses genutzt, um dort, in maximaler Entfernung von den Kinderzimmern im ersten Stock, Partnertauschpartys zu veranstalten. Ob der Vater, Leiter einer Drogeriefiliale und eines Posaunenorchesters sowie passionierter Gärtner, in seiner Bewerbung geschrieben hatte: »Hobbys: Posaune, Rosen züchten, Partnertausch«? In den 70ern war vieles noch möglich.

Anders als unsere Eltern bin ich geprägt von einem Zeitgeist, der so penetrant die »um zu«-Aspekte jeder Freizeitaktivität betont, dass mir der Hobby-Bedeutungsanspruch – zweckfreies Vergnügen – geradezu unsittlich vorkommt. Yoga? Macht man, um zu entspannen. Singen? Macht man, um das Atemgefühl zu verbessern. Auf dem Sofa liegen und nichts tun? Macht man, um endlich mal nichts zu tun.

Am nächsten Tag guckte ich in den Bewerbungsratgeber. Zu meinem Erstaunen empfahl er, dem potenziellen Arbeitgeber unbedingt Auskunft zu erteilen über »Interessen, Freizeit und Hobbys«. Allerdings sei es ratsam, sich für eine Position als Führungskraft ein angemessenes Hobby zuzulegen: Dass man »Schatzmeister des Deutschen Schäferhundverbandes« ist, solle man tunlichst nicht hervorheben. Warum nicht? Sinnvolle Freizeitbeschäftigungen seien Golfen, Bergwandern und Hochseeangeln. Also, wäre ich Personalchefin, dann würde ich jene Bewerberinnen und Bewerber zum Gespräch laden, die ihr Interessenprofil am Programm der »Hobbythek« ausrichten: »Luftaufnahmen selbst gemacht« und »Beton – vielseitig und schön« lauteten die Themen der aktuellen Sendung.

Mittags rief ich Betsi an, um ihr zu sagen, dass sie sich doch ein Hobby aus den Fingern saugen sollte. Zu spät. Der Umschlag lag schon im Briefkasten. »Sag mal, über welchen Widerwillen hast du eigentlich in deiner Bewerbung geschrieben?«, fragte ich. Betsi brauchte eine Weile, bis sie mich verstand: »Quatsch, ich habe geschrieben, dass ich nach der Geburt meiner Kinder wieder willig bin, arbeiten zu gehen.« Betsi hat die Stelle nicht bekommen.

Märzmissstimmung

Der März ist ein völlig überschätzter Monat. Er klingt nach zartem Grün, nach lauem Lüftchen, nach warmer Haut, Vogelzwitschern und »Jetzt-wird-alles-besser« – und jedes Jahr falle ich wieder auf ihn herein, motte die Wintermäntel ein, reiße den Kindern die Mützen vom Kopf und jage sie nach draußen. Nach fünf Minuten kommen sie mit roten Wangen und steifen Fingern und verlangen, ins Haus gehen und drinnen spielen zu dürfen. »Nein«, sage ich. »Drinnen spielen kann man im Winter.« – »Aber es ist doch Winter«, sagen meine Kinder. – »Nein«, sage ich, blicke fröstelnd in den fahlen Himmel – der durch die Sonnenbrille, die ich erwartungsvoll aufgesetzt habe, besonders trist aussieht – und warte auf den Frühling. Seit vier Monaten warte ich auf den Frühling. Ich bin schon ganz müde vom Warten, aber das fällt nicht weiter ins Gewicht. Die »Frühjahrsmüdigkeit« ist ja nur eine von vielen namenlosen Ermüdungsmöglichkeiten, die man im Laufe des Lebens zu überwinden lernt. Sie trügen Titel wie »Montagsstarre«, »6-Uhr-morgens-Lähmung«, »Mittagsmattheit«, »Spätnachmittagstief«, »Mitte/Ende-dreißig-Langeweile« oder »Freitagabendkoma«.

Dass die Märzmissstimmung in meinem Leben Tradition besitzt, kann ich schriftlich belegen anhand eines Tagebucheintrages vom 11. 3. 1985. Vor über zwanzig Jahren, ich war fünfzehn Jahre alt, schrieb ich: »Ich langweile mich zu Tode! Das Wetter ist furchtbar! Ich friere! Eben habe ich mich fürchterlich mit M + P in die Haare gekriegt! Warum ist alles so doof und beschissen!? Am liebsten wäre ich nicht mehr da! Nicht tot, nur woanders, wo einen nicht immer diese hirnlosen Eltern mit ihren altmodischen ›Das-wird-so-gemacht‹-Ansichten herumkommandieren! Wenn ich als Erwachsene auch so bin, sterbe ich lieber mit 25 Jahren!«

Das ist offensichtlich nicht geschehen. Wahrscheinlich, weil ich mit 25 nicht mitbekommen habe, dass ich erwachsen bin: Als mir das klar wurde, war es zu spät, da hatte ich zwei Kinder. Stattdessen habe ich meine eigenen »Das-wird-so-gemacht«-Ansichten erfunden, habe gelernt, das Ausrufungszeichen sparsam zu verwenden – und bekomme inzwischen Geld dafür, dass ich über schlechte Laune schreibe: eindeutige Verbesserungen, wie ich finde. März mit 35 ist also nicht so schlimm wie März mit fünfzehn. Daher, liebe Eltern: Seid im März besonders nett zu euren Kindern! Zwei Monate später ist ihnen nicht mehr so kalt an Leib und Seele. Tagebucheintrag vom 13. Mai 1985: »Heute ist der schönste Tag meines Lebens, so glücklich bin ich: Karsten hat angerufen!« Was schließe ich daraus? Mai mit fünfzehn ist viel schöner als Mai mit 35. Aber darüber denke ich jetzt lieber nicht nach.

Versteht mich denn keiner?

Betsi war beim Friseur. Sie gehört zu der Sorte Frauen, die diese Tat in einem Ton ankündigen, in dem andere ihre Scheidung bekannt geben: »Morgen ist es so weit.« Pause. »Ich habe einen Termin bei Jeff.« Pause. Offensichtlich soll ich einen spitzen Schrei ausstoßen oder etwas in der Art. »Wer ist Jeff?«, sage ich. Betsi, ungeduldig: »Mein Friseur.« Stimmt, sie hat ihn mir vorgestellt, als wir ihn auf der Straße trafen: ein gepiercter Halbstarker, dessen eigenes Haupthaar so aussah, als würde er abends vor dem Fernseher mit der Nagelschere daran herumspielen. Betsi also wollte etwas Neues: kurz, blondiert, fransig. Am nächsten Tag sah ich sie wieder: mit kurzen, blondierten, fransigen Haaren. »Sieht super aus«, sagte ich. »Sieht nicht super aus«, sagte Betsi. »Ich wollte es kurz, blondiert und fransig.« – »Dein Haar *ist* kurz, blondiert und fransig.« – »Es ist zu kurz, nicht blond genug und durchgestuft statt fransig!« – »Du spinnst.« – »Siehst du, du verstehst mich auch nicht.«

Seit diese asymmetrischen, drei- bis vierfarbigen Fransenschnitte modern sind, durchleben Friseure harte Zeiten. Früher sagten die Kundinnen: »Pagenkopf, Seitenscheitel rechts.« Heute sind die Angaben orakelhafter: Wenn ich versuche zu sagen, was ich will, kommen in meinen Sätzen unglaublich oft die Floskeln

»irgendwie«, »hier so und hinten ein bisschen so« und »aber nicht ganz« vor. Am Ende vermelde ich einfach, dass ich für eine Frauenzeitschrift schreibe, 35 bin, Kinder habe – und hoffe, dass Jeff & Co für mich den passenden Frauenmagazinmitarbeiterinnen-Mutter-Mitte-dreißig-Schnitt erfinden. Die Trefferquote liegt bei knapp 50 Prozent.

Vielleicht wäre es sinnvoll, wenn Friseure Verträge abschließen würden, in denen steht, wie kurz die Haare im Nacken, in der Stirn, über den Ohren und am Hinterkopf sein, welchen Helligkeitsgrad oder Rotton sie dort jeweils auftragen dürfen, und in denen Schadensersatzansprüche geregelt sind. Andererseits schützen ja auch Verträge nicht vor Missverständnissen: Unsere vorletzte Vermieterin zum Beispiel verstand, wie sich nach sechs Jahren friedlicher Koexistenz herausstellte, unter »Abschlussrenovierung« nicht dasselbe wie wir. Das, was sie wollte, verdiente unserem Verständnis nach eher den Namen »Kernsanierung«. Es handelte sich um eines dieser grundlegenden Missverständnisse, die man offensichtlich nicht von Mensch zu Mensch beheben kann: Ich engagierte einen Anwalt, dem es gelang, die Forderungen der gegnerischen Seite von 13000 Euro auf null herunterzuschrauben. Das Schreiben, in dem uns Frau M. angesichts einer bevorstehenden Klage gegen sie mitteilte, dass sie ihre Ansprüche fallen lasse, enthielt folgende Erklärung: »Um Missverständnissen vorzubeugen: Dass ich auf das Geld verzichte, bedeutet in keinster Weise, dass ich Ihnen Recht gebe.« Versteh ich nicht. Ich bin aber sicher, dass so etwas die Ausnahme ist und es in Deutschland nur so wimmelt vor wahnsinnig netten, verständnisvollen Vermietern: Liebe Leserinnen, bitte schreiben Sie mir unter dem Stichwort »Deutschland sucht den Supervermieter«, wenn Sie so einen kennen, und begründen Sie Ihre Wertschätzung kurz. Ich werde dann in einer Kolumne den Sieger oder die Siegerin küren.

Lebt Jesus?

Kinder stellen schwierige Fragen: Was ist ein Satellit? Warum gibt es alte Leute? Wie entsteht Regen? Bist du noch in Papa verliebt? Warum arbeitest du, statt mich wie die anderen Mütter mittags vom Kindergarten abzuholen? Die wirklich unangenehmen Fragen sind die, die man sich selbst immer wieder stellt, ohne eine Antwort zu finden. Vor unserer letzten Wohnung stand gegenüber von unserem Haus eine Kirche. Am mächtigen Turm dieser Kirche hängt weithin sichtbar die Skulptur eines gekreuzigten Mannes mit hängendem Haupt. Sobald wir die Haustür verließen, rannten wir dem Mann direkt in seine ausgemergelten, ausgebreiteten Arme. Der Tag kam, da fragte meine Tochter: »Ist das Jesus?« Ich sagte: »Ja.« Meine Tochter sagte: »Ist Jesus tot?«

Mit Kindern ist nichts mehr so einfach, wie es einmal war: Man will zum Beispiel nur kurz mal zwei Liter Milch aus dem Supermarkt holen, schon wird man in ein Gespräch über theologische Grundfragen – über Fundament und Sinn unseres Seins – verwickelt. Da möchte man seufzen und tut das auch. Ein kurzes »Ja«, und das Thema wäre vom Tisch gewesen, aber das bekam ich nicht über die Lippen. Dafür schlummert zu viel kindlicher Restglaube in mir.

Ich überlegte kurz, meine Tochter mit ihrer Frage

an eine Expertin zu verweisen: »Frag doch die Pastorin im Kindergottesdienst.« So halte ich es oft: Ich fühle mich in unserer Familie für umfangreiche Erklärungen zu den so genannten »weichen« Themen Liebe/Psychologie/Gesellschaft zuständig. Komplizierte Anfragen zu den Sachgebieten Technik/Mathematik/Biologie/Chemie/Physik/Medizin leite ich meistens an meinen Mann weiter (»Da musst du mal Papa fragen!«) – auf diese Weise erkaufe ich mir die Freiheit, nicht ständig Lexika wälzen und im Internet recherchieren zu müssen. Ich bezahle dafür mit dem Schuldbewusstsein, das klassische Rollenbild auch in der nächsten Generation zu verankern.

Andere Möglichkeit: Ich hätte die Wahrheit sagen können. »Ich weiß nicht.« – Das wäre ehrlich gewesen, aber ich fürchtete, dass das keine Antwort war, mit der meine Tochter sich zufrieden gegeben hätte. Wäre sie ein paar Jahre älter gewesen, hätte ich es mit dieser Erläuterung versuchen können: »Einige sind sicher, dass er lebt. Andere meinen, er ist tot und nur seine Ideen leben bis heute in den Menschen weiter.« Zu kompliziert? In diesem Augenblick wünschte ich mir einmal wieder, ich könnte aus vollem Herzen »Nein, er lebt!« sagen und dann von Gottes Liebe und seinem Sohn erzählen, der Tod und Leid besiegt hat, von Versagen und Verzeihen und von einem Ort, an dem wir alle uns eines Tages wieder sehen: Ich würde es gerne glauben. Aber ich kann es nicht. Ab und zu gehe ich in die Kirche, aber ich komme immer genauso heraus, wie ich hineingegangen bin: mit dem

Gefühl, dort am falschen Ort zu sein, wenn ich einen Gott finden will, an den ich glauben kann. Ab und zu bete ich. Ab und zu mache ich die Kinderbibel zur Gute-Nacht-Lektüre. Neulich habe ich in einem Buch gelesen, solche sporadischen Kontakte reichten nicht aus, um eine Beziehung zu Gott aufzubauen – da müsse man schon mehr Zeit und Mühe investieren: klingt irgendwie logisch. Aber wie soll ich mich auf jemanden einlassen, von dem ich nicht sicher weiß, dass es ihn gibt?

»Ist Jesus tot?« – »Hm«, sagte ich, »wollen wir noch ein bisschen auf den Spielplatz gehen?«

Gefährlicher Personennahverkehr

Über vieles möchte man ja gar nicht Bescheid wissen. Weil manches Wissen das Herz beschwert. Besonders niederschmetternd kann es sein zu wissen, was in den Köpfen fremder Menschen vor sich geht.

Zwei solche Menschen saßen neulich im Bus hinter mir, ein älteres Ehepaar. Ich fuhr vom Hauptbahnhof quer durch die Stadt nach Hause, das dauert eine gute halbe Stunde, eine kleine Reise also. Zu Beginn dieser Reise fuhr der Bus noch durch die Innenstadt, war mein Herz noch federleicht, weil die Sonne strahlte und in den Straßencafés der City vergnügte Massen mediterrane Stimmung verbreiteten.

Da brummelte eine männliche Stimme von hinten in mein Ohr: »Ich mag nicht draußen essen. Da kommen nur die Wespen. Ich sag immer: Schön drinnen bleiben, ist sicherer.« – »Och«, sagte die Frau. »Doch«, hörte ich den Mann, »draußen essen tun nur die Dicken. Die sitzen in der Sonne und fressen und fressen.« – »Och«, sagte die Frau. »Doch, doch«, sagte der Mann, »guck mal, da ist schon wieder so 'ne Dicke!«

Mein eben noch federleichtes Herz fühlt sich schon ein bisschen schwerer an. Ich denke daran, wie oft es beklagt wird, dass Ehepaare sich durchschnittlich nur zehn Minuten am Tag unterhalten, dass es in manchen Fällen aber wohl besser wäre, sie würden gar nicht mehr miteinander reden. Zu meinem Bedauern scheint das Paar hinter mir gewillt, miteinander im Gespräch zu bleiben, wenn auch stockend: Immer wieder starren sie gemeinsam verstummt aus dem Busfenster, um sich dann am nächstbesten Weltdetail festzukrallen – so als sei das Schweigen zwischen ihnen ein klaffender Abgrund, dessen Sog sie sich unter allen Umständen entziehen müssten. Der Bus ist in einem Altbauviertel angelangt. Schon eine Minute Stille. Lasst euch einfach fallen, denke ich, sagt nichts.

»Schöne alte Häuser«, sagt der Mann. »Und so hohe Fenster«, sagt die Frau. »Das war damals so«, sagt der Mann. »Ja«, sagt die Frau, »bei meinen Eltern zu Hause auch. Wie meine Mutter wohl an die Gardinen rangekommen ist? Die mussten ja auch mal gewaschen werden.« – »Die hat 'ne Leiter benutzt«, sagt der Mann. »Leitern gab's ja damals auch schon.« – »Ja, eine Leiter«, sagt die Frau, »aus Holz. Die war sicher schwer.« – »Ja, aus Holz«, sagt der Mann, »Aluminiumleitern gab's damals noch nicht.« Das Leben, ein Mirakel: Wie haben die nur die letzten dreißig Jahre miteinander rumgekriegt? Mein Herz hat das Gewicht einer vier Meter hohen Holzleiter erreicht.

Ein schwarzes Paar mit seinen drei Kindern steigt aus dem Bus aus und geht an unseren Fenstern vorbei, die Frau ist schwanger. »Guck mal, die da«, sagt der Mann. »Drei Kinder haben die, immer eins nach dem anderen, eine ganze Horde.« – »Und das vierte schon unterwegs«, sagt die Frau. »Die Schwatten sind eben kinderfreundlich.« – »Nee«, sagt der Mann, »bei denen zählt ein Kind nicht so viel, die haben keinen Wert.« – »Och«, sagt die Frau. Zwei Haltestellen später habe ich mein Ziel erreicht, ich schleppe ein Zentner schweres Herz nach Hause zu meinem Mann. »Ist dir nicht gut?«, fragt er. »Geht so«, sage ich. Nachdem ich ihm die wahre und gefährliche Bedeutung des Begriffs »Öffentlicher Personennahverkehr« erläutert habe, breche ich sogleich wieder auf: Ich will endlich ein neues Fahrrad. Und zwar sofort.

Po-vorne nicht vergessen!

Vor vielen Jahren – wir waren noch wirklich jung – unterhielten wir uns auf einer Party mit Freunden darüber, wie in den verschiedenen Familien zu Kinderzeiten die Geschlechtsteile benannt wurden. Wir kamen zu dem Ergebnis, dass die allgemeine Benachteiligung des weiblichen Geschlechts in diesem Bereich einen exemplarischen Höhepunkt erreicht: Für das männliche Geschlecht gibt es eine stolze Auswahl an eindeutigen, aber herzigen Namen – Piepmatz, Pimmel, Pullermann, Pipihahn und dergleichen mehr. Mädchen dagegen haben entweder eine Muschi oder eine Mumu.

Ist ja ganz süß, klingt aber nach Kätzchen und Kuh. Und wenn man darüber nachsinnt, warum die Namensvettern des prägenden weiblichen Körpermerkmals ein Haus- und ein Nutztier sind, wird man plötzlich ganz wütend.

Außerdem ist diese Auswahl beleidigend mager – es sei denn, Eltern bestehen in jeder Lebenssituation auf einer durch und durch sachlichen, biologisch korrekten Sexualerziehung und trauen sich beim Schmusespiel Sätze zu wie diesen: »Das ist das süße Füßchen. Das ist dein süßes Kinn. Und was ist das? Das ist die kleine Scheide!« Noch unvorstellbarer schien uns eine piepsende Dreijährige, die gelernt hat: »Mein Bruder hat einen Penis, ich habe eine Vagina.«

Eine unserer Freundinnen berichtete davon, welchen pragmatischen Weg ihre Eltern gewählt hatten, um dem sprachlichen Dilemma zu entgehen: Sie benannten ihr Geschlecht gar nicht. Wenn sie als Kind angehalten werden sollte, den Initimbereich zu pflegen, geschah dies ungefähr so: »Wasch dir mal den Po, und auch vorne nicht vergessen.« Po-vorne wurde daraufhin in unserem Freundeskreis ein gebräuchlicher Begriff, der uns – trotz fortgeschrittener Jahre und verschiedener Lebenswege – bis heute über hunderte Kilometer hinweg miteinander verbindet.

Trotz dieser – aus Sicht von Entwicklungspsychologen sicher anfechtbaren – Sexualerziehung führt unsere damalige Freundin übrigens seit langen Jahren eine glückliche, stabile Beziehung. Seit zwei Jahren hat sie selbst eine Tochter.

Heimtückische Geschirrspüler und Arabisch sprechende Handys

Was mich rasend macht: Spaßvögel, Pseudo-Wartelisten, heimtückische Geschirrspüler. Ich kann kaum beschreiben, was ich fühle, wenn ich die Geschirrspülerklappe öffne und sehe: der Geschirrspüler hat, statt zu spülen, Sabotage betrieben. Hat die Soßen- und Kakaoreste des letzten Tages zu einer Pampe verarbeitet, hat die Pampe auf dem Geschirr verteilt und im Trocknergang gehärtet, so dass daraus eine Kruste wurde, die nur nach zehnminütigem Einweichen per Hand entfernt werden kann. Von einem Geschirrspüler, der mich dazu zwingt, abzuwaschen und abzutrocken, fühle ich mich persönlich verraten. Ich schreie den Geschirrspüler an. Ich schreie: »Ich dulde es nicht, dass mir ein Geschirrspüler in den Rücken fällt!«

Nach Schreien war mir auch zumute, nachdem ich in der einzigen Kindertagesstätte weit und breit um Hortplätze für meine Kinder gebeten hatte. Der Kita-Leiter hat sich für Fälle wie mich eine professionelle, nicht unangenehm wirkende Beileidsrhetorik zurechtgelegt: Er nickte betroffen und sprach sanft von meinen Träumen und der Wirklichkeit. Ich erhielt nicht einmal einen Platz auf der Warteliste, die offenbar von hier bis an die Unterelbe reicht. Die Liste, gab er zu verstehen, existiere nur aus psychologischen

Gründen – um diejenigen Mütter, die es nicht ertragen, der Wahrheit ins Auge zu blicken, davon abzuhalten, an Ort und Stelle einen Nervenzusammenbruch zu erleiden: Die Wahrheit ist die, dass man in Hamburg nie und nimmer einen Hortplatz bekommt, nur weil man ihn dringend braucht.

Man will als Kita-Leiter nicht ständig nervlich zerrüttete Frauen aus seinem Büro bugsieren müssen, das verstehe ich, darum legt man Pseudo-Wartelisten an. »Es tut mir sehr Leid«, sagte er. Ich: »Schon gut. Sie können nichts dafür.« Sollte ich eines Tages jemanden treffen, von dem ich glaube, er könne etwas dafür, werde ich mich wohlmöglich nicht beherrschen können und doch noch schreien: »Ich will nichts Unanständiges! Ich will keine Drogen, ich will nicht, dass der Bürgermeister Ole von Beust meine dreckige Unterwäsche wäscht! Ich will Kinder und arbeiten! Warum ist das nicht möglich?«

Tatsächlich geschrien habe ich vorgestern, nachdem wir einen Spaßvogel zu Besuch hatten. Der Spaßvogel hat gesagt: »Soll ich euch mal was Witziges zeigen?« Er hat auf meinem Handy herumgetippt, bis er den Menüpunkt »Sprachauswahl« gefunden hatte, und hat die Sprachauswahl von Deutsch auf Arabisch umgestellt. Leider wusste er nicht, wie man die Sprachauswahl von Arabisch auf Deutsch zurückstellt: Das Handy wollte, wie ihm befohlen ward, mit seinen Benutzern nur noch auf Arabisch kommunizieren. Sehr witzig. Der Spaßvogel kann kein Arabisch. Niemand, den wir kennen, kann Arabisch.

Für eine große Anzahl von Lebenslagen haben wir passende Bekannte und Freunde, wir kennen eine Rechtsanwältin, eine Kinderpsychologin, einen Gärtner, einen Nachtclubbesitzer, einen Autobastler, eine Immobilienmaklerin. Wer kann ahnen, dass man auch noch jemanden braucht, der Arabisch kann? Ich habe den Spaßvogel angeschrien. Ich schrie: »Und nun, du Spaßvogel? Wenn ich jetzt eine SMS auf Arabisch bekomme, wie soll ich die lesen?« Die Männer bogen sich vor Lachen. Mein Handy piepste. Eine SMS. Wie man eine SMS öffnet, weiß ich, auch ohne arabische Handy-Befehle lesen zu können. Die SMS war von meinem Mann. Sie war auf Deutsch. Was sonst? Mein Mann kann schließlich kein Arabisch. Sie lautete: »Vorsicht! Zu viel Wut macht dumm.«

Die Sehnsucht nach einem Leben zwischen den Jahren

Am Hamburger Elbstrand stehen Warnschilder, wie ich sie nirgendwo anders auf der Welt sah: Sie zeigen den Bug eines Schiffes, eine Welle und ein Männchen, das vor der Welle flieht, und was die Schilder besagen, ist wohl dies: »Achtung, hüte dich vor großen Schiffen, denn große Schiffe machen große Wellen, und große Wellen machen nass!« Der Anblick der Schilder versetzt mich jedes Mal in feierliche Stimmung: In einem Land zu leben, in dem sich Behörden dafür verantwortlich fühlen, einen vor der Heimtücke hinterrücks heranrollender Bugwellen zu warnen, ist ein großes, zu guter Laune und Zuversicht verpflichtendes Glück.

»Du bist Deutschland!«, denke ich, wenn ich eines der Schilder sehe, »Du bist Deutschland!«, dachte ich, als ich die Duden-Sprachberatung anrief: Es gibt nicht viele Orte auf der Welt, an denen nicht nur niemand nasse Füße bekommen muss, sondern auch noch jeder, der 1 Euro 82 pro Minute zu zahlen bereit ist, telefonisch seinen Wissensdurst stillen kann. Lange habe ich gerätselt, warum man die Tage zwischen Weihnachten und Neujahr die Zeit »zwischen den Jahren« nennt, wo doch jeder weiß, dass es diese Zeit kalendarisch betrachtet nicht gibt. Dann hatte ich den Einfall mit der Sprachberatung. »Moment, bitte«, sagte die Dudendame. »Die Redewendung nimmt Bezug darauf, dass Neujahr früher, je nach Region und Zeitalter, am 25.12., 1. oder 6.1. gefeiert wurde. Erst seit dem 17. Jahrhundert kristallisierte sich der 1.1. als offizieller Jahresbeginn mit allgemeiner Verbindlichkeit heraus.«

Das ist die historische Erklärung. Meine eigene, unwissenschaftliche Erklärung ist diese: Vom Gefühl her ist Weihnachten die Ziellinie. Man hat auf den letzten Metern des Jahres, während der Festvorbereitungen, noch einmal alles gegeben, dann lässt man sich fallen. Der nächste Lauf wird erst am 1. Januar angepfiffen, und so bleibt nichts zu tun, als dem Christbaum beim Nadeln zuzuschauen und Reste essend darauf zu warten, dass alles von vorne losgeht: Keine neuen Projekte wird man bis dahin beginnen, höchstens Schubladen aufräumen, alte E-Mails löschen oder Möbel hin und her rücken. Zwischen den Jahren benimmt sich das Leben anders als sonst, nämlich so, als stünde es still. Das ist ja normalerweise nicht so seine Art, meist vergeht es schneller, als man fühlen kann.

Was zwischen einem Ende und einem Anfang liegt, nennt sich Freiheit, deshalb auch gehören die seltenen Augenblicke, in denen wir etwas hinter uns gelassen haben und noch nicht woanders angekommen sind, zu den ganz besonderen: die Zeit zwischen dem letzten Schul- und dem ersten Unitag, der Resturlaub nach dem letzten und vor dem nächsten Job, die letzten Wochen vor der Geburt des ersten Kindes. Nachdem ich mich mit Anfang zwanzig wegen meines heutigen Mannes von meinem damaligen Freund getrennt hatte, bin ich in meine Wohnung gefahren, habe mich aufs Bett gelegt und Löcher in die Luft gestarrt, nur so – nur um wenigstens drei Stunden Ungebundenheit zwischen zwei Lieben herauszuschinden. Manchmal, wenn ich spät nachts heimkehre, setze ich mich in die Küche, mache Musik an und luchse dem Leben zehn Minuten zwischen den Tagen ab, in denen ich nichts anderes tue, als aus dem Fenster zu schauen und herauszufinden, wie es sich gerade anfühlt, mein Leben. Immerhin. Besser als nichts. Aber lange nicht so gut wie die Zeit zwischen den Jahren.

Jenseits der Schneegrenze

Die Uhr zeigt 8 Uhr 35, ich habe meine Tochter in den Kindergarten gebracht und Fischstäbchen gekauft, kaum bin ich zu Hause, rufe ich Betsi an. »Na du«, sage ich. »Wie geht's dir – auf einer Skala von eins bis sechs?« – »Eins plus«, sagt Betsi. »Vor dem Aufstehen hatte ich einen total geilen Sex-Traum.« – »Mit wem?« – »Mit meinem Mann.« – »Alle Achtung!« – »Aber er sah nicht aus wie David«, sagt Betsi. – »Wie jetzt?«, sage ich. – »Na, er sah nicht so aus wie David, aber ich wusste genau, er ist es.« – »Immerhin«, sage ich. – »Meinst du?«, sagt Betsi, »ich glaube, David fände es besser, wenn ich von Männern träume, die ich nicht kenne, aber die aussehen wie er.« Ich bin ratlos und nehme mir vor, über diese Fragestellung mit meinem Mann zu sprechen.

Wenn ich vom Kindergarten aus nicht ins Büro fahre, sondern nach Hause gehe, wo niemand auf mich wartet außer einem unaufgeräumten Schreibtisch und einem Mittelgebirge schmutziger Wäsche, dann muss ich unbedingt jemanden anrufen, ein Schwätzchen halten. Bevor ich nicht ein Schwätzchen gehalten und mich so an den Rest der Menschheit angedockt habe, bleibt mir die Welt fremd, fasse ich nicht Fuß im neuen Tag. Ich habe immer gern geredet, sicher gibt es Menschen, die denken, ich rede zu gern. Neuerdings denke ich das auch. Ich denke: Wir reden alle viel zu viel.

Unseren letzten Urlaub haben wir in den Bergen verbracht. An einem Tag unternahm ich eine Wanderung, allein. Jenseits der Schneegrenze fiel mir auf, dass etwas anders war als sonst: Ich schwieg. Seit Stunden. Über mir summte ein Flugzeug, Wasser plätscherte, ansonsten: Stille, überwältigende, heilige Stille. Ich versuchte mich zu erinnern, wann ich das letzte Mal in wachem Zustand so lange kein einziges Wort mehr von mir gegeben hatte. Es gelang mir nicht. Das kam mir bedenklich vor.

Nach der Wanderung stand ich auf dem Balkon unseres Hotelzimmers. Auf der Terrasse des Familienhotels saßen dutzende Miturlauber und produzierten eine Wolke aus menschlichem Lärm, die auf mich niederrieselte, vorwiegend zu den Themen Wetter, Essen, Kinder und Stress im Job. Was mir 35 Jahre lang normal, ja begrüßenswert vorgekommen war, schien mir plötzlich fragwürdig: Warum muss der Mensch, sobald er auf einen Artgenossen trifft, den Mund öffnen und Dinge sagen, die bei kritischer Betrachtung zu neun Zehnteln von deprimierender Belanglosigkeit sind? Wahrscheinlich weil wir unfähig sind, uns mit dem Geruchssinn zu orientieren. Wäre die Welt eine bessere, wenn wir alle uns schweigend beschnüffeln würden, um Freund von Feind zu unterscheiden – statt andauernd zu quatschen?

Mein Mann kommt nach Hause. Die Kinder verleihen ihrer Freude darüber Ausdruck, indem sie ihre zweifelsohne hervorragend ausgebildete Sprachkompetenz hemmunglos ausschöpfen. »... papawiewaresbeiderarbeitduichhabeheuteeinenedelsteingefundenundinderschulehatniklasmireinenstockgeklautkannstdugleichmitmirfußballspielen ...« Ich schließe die Augen. Ich wünsche, die Kinder hätten einen Schwanz, mit dem sie wedeln könnten. Ich wünsche mich an einen Ort, jenseits der Schneegrenze. Auf keinen Fall werde ich heute Abend mit meinem Mann über Sextraum-Varianten reden.

Das doppelte E

Den ersten Versuch, das Joggen zu beginnen, unternahm ich mit knapp zwölf. Es war Mai, ich war verknallt in Jan und Jakob, Zwillinge aus meiner Klasse, und rückblickend betrachtet markierte das Joggen das Ende meiner Kindheit: Bis zu diesem Frühjahr hatte ich die Nachmittage damit verbracht, mit den Zwillingen und anderen Schulfreunden draußen zu toben, zu klettern, schwimmen zu gehen. Dann war jener Sportlehrer, ehemaliger Olympia-Teilnehmer, in mein Leben getreten, der mich nachhaltig davon überzeugte, dass Bewegung keine Frage des Spaßes ist, sondern eine überaus ernste Angelegenheit: Mit der Stoppuhr in der dicht behaarten Männerhand hetzte er mich um den See neben unserer Schule, bis ich puterrot und halb erstickt in Tränen ausbrach. Die Zwillinge betrachteten mich, leicht verschwitzt, mit einer Mischung aus Mitleid und Verachtung. In diesem Augenblick wurde mir bewusst, dass Fitness eine ausschlaggebende Größe im Ringen um die Gunst des anderen Geschlechts ist. Um meine Chancen auf diesem neuen Terrain zu verbessern, gründete ich mit der ebenfalls kurzatmigen Andrea den »Jogging-Club«, dessen handgeschriebene Vereinssatzung festlegte, dass Mitglieder dreimal pro Woche gemeinsam joggen müssen.

Dass auch der picklige Dirk Mitglied werden durfte, lag daran, dass wir durch menschenleeres Naturschutzgebiet rennen wollten: Unsere Eltern fürchteten Sittenstrolche und untersagten das Laufen ohne männliche Begleitung. Nach einer Woche fragte mich Dirk, ob ich nicht nur mit ihm joggen, sondern auch mit ihm gehen wolle. Ich kündigte sofort meine Mitgliedschaft, froh, einen im Freundinnenkreis plausiblen Vorwand gefunden zu haben, um das Laufen aufgeben zu können: Es langweilte mich entsetzlich.

Seit diesem April versuche ich, zum ich-weiß-nicht-wievielten Mal, das Joggen in meinem Leben zu etablieren. Es klappt besser als vor vierundzwanzig Jahren, und ich halte schon seit acht Wochen durch, das ist immerhin eine Woche mehr als letztes Mal. Ich laufe am Bach entlang, Vögel zwitschern, Bäume schlagen aus, ich laufe und langweile mich. Allerdings scheint mir Langeweile inzwischen eine luxuriöse Empfindung zu sein, verglichen mit dem sonst üblichen Stress. Ich denke an Entlegenes: an das »doppelte E«, das ich als Kind am allerliebsten spielte, ein Fang- und Versteckspiel, dessen exakte Regeln ich vergessen habe. Ganz genau erinnern kann ich mich jedoch an das unvergleichliche Herzklopfen, mit dem ich hinter der Mülltonne hockte und darauf lauerte, zum – aus Stöcken gelegten – Doppel-E zu sprinten, es zu zerstören, so gefangene Mitspieler zu befreien und anschließend fortzurennen und ein neues Versteck zu suchen. Ach, denke ich, wenn es nur zehn Menschen gäbe, die dreimal wöchentlich mit mir doppeltes E spielen würden, ich bräuchte nie wieder zu joggen.

Der Kardinal muss frieren

Wer wissen will, wie es um seine Beziehung steht, dem empfehle ich einen simplen, im häuslichen Umfeld unauffällig durchführbaren Partnerschafts-Schnelltest: 1.) Legen Sie sich hin, wo Ihr Partner Sie auf jeden Fall finden wird. 2.) Achten Sie darauf, dass Sie – im Verhältnis zur herrschenden Raumtemperatur – viel zu leicht bekleidet sind. 3.) Platzieren Sie neben sich eine wie zufällig hingeworfene oder gerade von Ihrem Leib geglittene Decke. 4.) Tun Sie so, als würden Sie schlafen. 5.) Warten Sie, bis Ihr Partner kommt: Was tut er?

a) Er deckt Sie sorgfältig zu, küsst Sie, streicht Ihnen die Haare aus der Stirn, betrachtet Sie einige Sekunden lang und schleicht wie auf Sammetpfoten von dannen: Er liebt Sie sehr. b) Er deckt Sie zu, küsst Sie und geht weg: Er liebt Sie. c) Er deckt Sie zu und verschwindet: Er liebt Sie ausreichend. d) Er geht wieder weg: Liebt er Sie noch? e) Er sagt »Weißt du, wo meine Hausschuhe sind?«: Vergessen Sie's!

Wer liebt, deckt zu, klare Sache. Je größer die Zuneigung, desto hingebungsvoller das Zudecken. Je hingebungsvoller das Zudecken, desto größer die Zuneigung. Das weiß jeder, der ins Kino geht, wo ja andauernd mürrische, wortkarge Männer an unwirtlichen Orten eingeschlafene, hübsche Frauen zudecken, damit auch der dümmste Depp versteht, über welche Sorte Gefühl der Held nicht sprechen kann. Und das weiß jeder, der Kinder hat.

Seine Kinder mag man ja sowieso ganz gerne – kein kindlicher Aggregatzustand jedoch ruft größere elterliche Zuneigung hervor als der Schlaf. Sogar dann, wenn einem tagsüber kurzfristig entfallen sein sollte, dass man sein Kind eigentlich ganz gerne mag, löst es schlafend überwältigende Liebe aus und infolgedessen einen Zudeckreflex: Selbst bei optimal vorgefundender Zudeckung zupfen Eltern angesichts eines schlafenden Kindes zwanghaft an der Kinderbettdecke herum, ziehen den Deckenrand vom Schlüsselbein bis unter das Kinn oder – die Hochsommervariante – schieben ihn von der Brust bis zum Bauchnabel, was dann streng genommen zwar kein Zudecken ist, aber ein durchaus gleichwertiger Akt.

Um sich darüber klar zu werden, wen man mag und wen nicht, kann man – schöne Einschlafbeschäftigung! – die Welt gedanklich in Menschen-die-ich-unter-Umständen-zudecken-würde und Menschen-die-ich-nie-und-nimmer-zudecken-würde unterteilen. Spazierte ich versehentlich in einen eiskalten Raum im Nirgendwo, in dem ein spärlich bekleideter, deckenloser Mensch schliefe, neben ihm eine Decke, ich würde die meisten zudecken, schließlich gibt es neben der Liebe auch noch die Nächstenliebe – manche sofort und gerne, andere nachlässig und mit spitzen Fingern, aber immerhin. Nicht zudecken würde ich unter anderem: Edmund Stoiber, Eva Herman, Kardinal Meisner,

Franz Beckenbauer, unsere Ex-Vermieterin und unsere Ex-Vermieter. Die sollen frösteln, bis eine Gänsehaut sie weckt. Und wenn Eva Herman verschlafen riefe: »Warum nur lässt du mich frieren, Julia?«, so antwortete ich: »Wie du mir, so ich dir!«

Urlaubsplanungstorschlusspanik

Jahr für Jahr kommt der Augenblick, in dem mir schlagartig klar wird, dass wir wieder mal verdammt spät dran sind mit der Urlaubsplanung. Manche würden sagen: zu spät. In diesem Jahr fiel der Augenblick der Erkenntnis auf einen sonnigen Tag im April: Ich stand mittags vor dem Schuleingang, zusammen mit anderen wartenden Eltern. Eine Mutter sagte: »Eben habe ich Sulden gebucht, wurde auch Zeit, die besten Unterkünfte sind schon weg.« Ich: »Wie schön. Wandern eure Kinder gerne?« Die Mutter, irritiert: »Wandern? Ski fahren!«

Mein erster Gedanke: Ist ja doll! Höre ich das erste Mal, dass man auf dem Ortler auch im Sommer Ski laufen kann. Dann dämmerte es mir: Diese Frau redete nicht vom Sommer. Sie redete von den Hamburger Skiferien im nächsten März. Im nächsten März! Der nächste März war einen Jahreswechsel und elf Monate weit weg – meinem Empfinden nach eine unüberschaubare Ewigkeit. Ich starrte die Frau an, sprachlos vor Ehrfurcht: Da stand eine, die die Zukunft nicht nur im Blick hatte, sondern fest im Griff! »Klar. Ski«, sagte ich. »Und wohin fahrt ihr im Sommer?« – »In die Bretagne.« Das wusste sie vermutlich seit vorletztem Dezember. Bestimmt ist sie eine von denen, die die Ferientermine bis ins Jahr 2010 auswendig wissen.

Eine, die ihren Mann anhält, Urlaubsanträge zwölf Monate im Voraus einzureichen. Eine, die auf die Minute pünktlich am Computer sitzt, wenn der Online-Verkauf für Superspartickets beginnt. Eine von denen, die immer schneller sind als wir. Wir sind die, die immer langsamer sind als die anderen. Wir wussten nicht einmal, wo wir die Sommerferien verbringen würden. Es überkam mich ein vertrautes Gefühl: Urlaubsplanungstorschlusspanik.

Früher ging Reisen so: Man packte eines Morgens den Schlafsack ein, setzte sich in das nächstbeste verfügbare Auto und los ging's, meist auf die A7 Richtung Süden. Irgendwo zwischen Hannover und Kassel einigte man sich, ob man nach Spanien oder Italien fahren würde. Manchmal schnallte man seinen Schlafsack auch auf einen Rucksack, fuhr zu einem Last-Minute-Schalter und setzte sich in den nächstbesten verfügbaren Flieger. Von »Reisen« wage ich schon gar nicht mehr zu reden. Heute begnüge ich mich mit dem bescheideneren Klang des Wortes »Urlaub«. Und solange ich keine Buchungsbestätigung in der Hand halte – erfahrungsgemäß bis mindestens zehn Wochen vor Urlaubsantritt –, weckt dieser Klang bei mir ähnliche Assoziationen wie die Begriffe »Steuererklärung« und »Lebensversicherungsantrag«.

Nicht, dass ich nicht gerne Urlaub machen würde. Ich liebe Urlaub! Der Haken ist eben dieser: Sobald man ein Leben führt, zu dem Kinder, Schulferien und Urlaubsanträge gehören, muss man ihn bedauerlicherweise planen. Kalender und Kataloge wälzen. Sich abstimmen und informieren. Suchen, vergleichen, anfragen, entscheiden. Allein das Aufzählen dieser Tätigkeiten macht mich ganz matt: urlaubsreif sozusagen.

Insofern ist unsere Art der Urlaubsfindung doch genau die Richtige für uns. Immer wenn wir uns überwinden, das Thema endlich anzupacken, stellen wir fest, dass es nichts mehr zu vergleichen, anzufragen und zu entscheiden gibt: »Wer nicht kommt zur rechten Zeit, der muss sehen, was übrig bleibt!« In diesem Jahr waren das vierzehn Tage Bauernhof im Allgäu, die ich zwei Tage nach dem Gespräch mit der Co-Mutter ergatterte. Und jedes Mal, wenn wir dann doch noch auf den letzten Drücker etwas gefunden haben, überkommt uns die felsenfeste Überzeugung, wahre Glückspilze zu sein: Unseren Urlaub werden wir wie immer antreten mit der Demut derer, die wissen, dass sie dem Schicksal dankbar sein müssen.

Endlich Sex

So, nun aber. Es ist an der Zeit, finde ich, dass ich endlich auch einmal etwas über Sex schreibe. Ihnen ist sicher schon aufgefallen: Ich behaupte, eine ganz normale Frau zu sein, die für ganz normale Frauen über ganz normale Themen schreibt. Über neues Geschirr, alte Schwächen, über enge Freundinnen, fremde Menschen, schlechte Manieren, gute Vorsätze, über das Älter- und Schlauerwerden, über schöne und weniger schöne Alltäglichkeiten. Das war's. Sex? Wo kommen wir denn dahin!

Wenn man von dieser Kolumne auf das Leben meiner Leserinnen schließen wollte, entstünde der Eindruck, im Leben ganz normaler Frauen gebe es so etwas wie Sex gar nicht: »Nö. Kein Thema, gibt Wichtigeres.« Solche Verallgemeinerungen sind natürlich irreführend. Die Wahrheit ist eine andere: Im Leben ganz normaler Kolumnenschreiber ist kein Platz für Sex. Wolfgang Siebeck isst lieber. Bei Harald Martenstein gibt es »das Kind«: Wo ist »die Frau« dazu? Jedenfalls nie im Bett. Und können Sie sich Axel Hacke beim Sex mit Paola vorstellen? Keine Ahnung, wie die ihr neues Baby zustande gebracht haben: Die reden doch auch immer nur. Genauso wie mein Mann und ich. Ganz zu schweigen von Till Raether und Elke Heidenreich. Der Einzige, der manchmal Sex zu haben scheint, ist der *Titanic*-Kolumnist Max Goldt. Aber der zählt nicht. Der ist schwul und schreibt für ein Satiremagazin.

Und so sieht das Zölibat deutscher Kolumnenschreiber aus: Nachts schlafen sie. Tagsüber brüten sie über Kolumnentexten. Den Rest der Zeit verbringen sie damit, in den Supermarkt oder in die Oper zu gehen, Deutsche Bahn zu fahren, in der Küche herumzusitzen und mit dem Kühlschrank zu plaudern, auf die Kinder oder die Ehe aufzupassen, Jeans zu kaufen oder zu glotzen – kurz: Alltag herzustellen, damit sie was haben, worüber sie schreiben können. Unter gar keinen Umständen haben sie so etwas wie Sex, denn Sex – zumindest der, über den zu schreiben sich lohnen würde – hat mit Alltag nichts zu tun und daher im Leben seriöser Kolumnenschreiber nichts zu suchen. Nun gut, ich finde, dass ich – gerade weil oder obwohl ich Kolumnistin bin – nicht weiterhin so tun darf, als gebe es auch im Leben meiner Leserinnen keinen Sex. Darum mein Entschluss, endlich etwas dazu zu sagen.

Sex. Aber, Mensch, da fällt mir ein, dass ich vorher dringend den Leserinnen danken muss, die auf meinen Aufruf »Deutschland sucht den Supervermieter« reagiert haben. Es waren vier. Zwei davon wollten gar keinen Supervermieter nominieren, sondern mir als ehemaliger Leidensgenossin das nach zerrüttetem Mietverhältnis gebrochene Herz ausschütten. Von den zwei verbliebenen Titel-Anwärtern handelt es sich zum einen um ein älteres Hausbesitzer-Ehepaar aus W., das derart nett, hilfsbereit und bescheiden ist, dass sein Name hier nicht genannt werden darf: Es wäre dem Ehepaar unangenehm, öffentlich belobigt zu werden. So küre ich nun Herrn Rampf aus Maria Talheim zum »Supervermieter«: Herr Rampf hat vor einigen Jahren die ohnehin niedrige Miete gesenkt, weil er »so zufrieden« ist mit seiner Mieterin Sandra Hamann. Willi Rampf: Superstar der deutschen Vermieterszene! Ich gratuliere im Namen aller Mieter!

Was die recht bescheidene Resonanz auf den Aufruf angeht, so darf man daraus keinesfalls schließen, es gäbe keine freundlichen Vermieter. Bestimmt ist es einfach so, dass fast niemand meine Kolumne liest. Wenn das so ist! Dann brauche ich mir ja gar nicht die Mühe zu machen, über Sex zu schreiben. Okay, wir machen einen Deal. Wenn zu folgendem Thema mehr als vier Leserinnenbriefe eintrudeln, werde ich mich überwinden: Hatten Sie schon einmal Sex mit dem Vermieter?

Die Erkenntnis, dass der Karneval das Leben verändern kann

Kölle, alaaf! Düsseldorf, helau! Schade, dass ich seit Jahren nicht mehr dabei gewesen bin. November für November nehme ich mir vor: Nächstes Jahr endlich wieder Karneval, aber nie wird etwas daraus.

Wenn man erst einmal schier endlose Wochen in den Klauen eines vernieselten Hanseaten-Winters damit verbracht hat, in coolen Kneipen mit keinem einzigen Mann zu flirten, den gedeckt-karierten Regenschirm nicht in einer Einkaufspassage stehen zu lassen und die durchschnittliche Anzahl brauner Cord-Bundfaltenhosen pro Stunde auf dem Jungfernstieg zu ermitteln, dann kommt einem die Idee, im Rheinland mit wildfremden Menschen zu Karnevalsliedern auf dem Tisch zu schunkeln, recht abwegig vor. Außerdem sind die für das Schunkeln zuständigen Muskeln beim in Hamburg lebenden Hamburger komplett verkümmert: In Hamburg werden sie nicht benötigt, denn Schunkeln ist eine hier geächtete Bewegungsform – mehr als »Schwofen« ist in Norddeutschland nicht drin. Ich brauchte sechs Jahre, das Schunkeln zu erlernen. Es war harte Arbeit.

So lange haben mein Mann und ich, zwei geborene Hamburger, im Rheinland gelebt. Meine erste Konfrontation mit dem Karneval verlief folgendermaßen.

Ich: »Heute ist Altweiber oder wie das heißt. Das müssen wir uns wohl mal anschauen, oder?« Mein Mann: »Als was gehen wir?« Ich: »Als Hamburger natürlich, was sonst?« Wir zogen unsere dunkelblauen Winterjacken an, wickelten uns unsere dunkelgrünen Schals um den Hals und setzten zwei Miniaturmatrosenhütchen auf. Mein Mann: »Sollen wir uns einen roten Punkt auf die Nase malen?« Ich: »Um Gottes willen, nun übertreib mal nicht!« Dann schritten wir dorthin, wo wir den Karneval vermuteten, und schauten ihn uns an: Kauften zwei Alt (Ich: »Geh du mal, das sind mir zu viele Betrunkene«), stellten uns abseits vom Getümmel Schulter an Schulter nebeneinander und guckten verächtlich. Die Kostümierung schien gelungen: »Hey, ihr da, ihr seid wohl aus Hamburg?« – »Allerdings!«, sagte ich zufrieden und erklärte, nach Hause zu wollen.

Dann lernte ich Liv kennen. Liv ist Düsseldorferin und Karnevalsfan. Um die Zeit zwischen dem einen und dem nächsten Karneval zu überbrücken und ihre stahlharten Schunkelmuskeln fit zu halten, geht sie keiner Brauchtumsparty aus dem Weg: Kirmes, Schützenfest, Altbieranstich – sie ist überall zur Stelle, wo ein Festzelt aufgebaut wird, und eines Tages schwatzte sie mich mit. Liv trank fünf Alt in drei Minuten, um dann innerhalb einer halben Stunde mit acht verschiedenen Männern zu Robbie Williams Powerschunkeln zu betreiben. »Wie machst du das, dass so viele Typen was von dir wollen?«, fragte ich. »Wieso sollen die was wollen?«, fragte Liv. »Na, was denn sonst? Die *tanzen* mit dir!«, sagte ich. In der Stadt, aus der ich komme, wollen die Männer Sex, wenn sie fragen: »Hast du mal Feuer?« Was ein fremder Mann will, wenn er mit einem tanzt, wusste ich nicht, war mir in Hamburg nie passiert, aber es musste etwas sein, das man nur nach reiflicher Überlegung tun sollte, wenn man eine verheiratete Mutter ist.

Im Laufe der folgenden Jahre erteilte mir Liv geduldig Nachhilfe in Sachen Karneval. Lektion 1: »Drink doch eine met, stell dich nit esu ahn!« Lektion 2: Niemals an den Rand stellen. Lektion 3: Männer, die tanzen wollen, wollen tanzen. Ich versuchte zu begreifen. Sechs Jahre nachdem wir nach Düsseldorf gezogen waren, zog ich mir ein Piratenkostüm an, stieg auf den Tisch einer Altbierkneipe und tanzte acht Stunden am Stück. Als wir ein Vierteljahr später nach Hamburg zurückzogen, war ich nicht mehr die, die ich einmal war. Es hat nicht geschadet.

Angst vor Benimm-Mutanten

Meine Freundin Betsi beschäftigt eine Putzfrau. Genauer gesagt: Die Putzfrau beschäftigt Betsi. Die Putzfrau ist eine sehr kleine, sehr resolute Person. Sie kommt donnerstagvormittags. Deshalb hat Betsi mittwochnachmittags keine Zeit mehr: Da muss sie vorputzen.

Dass das nötig ist, hat die Putzfrau gleich klargemacht. Sie ist kopfschüttelnd durch die Wohnung gegangen, hat mit dem Daumennagel angetrocknete Breiflecken vom Küchenboden geschält, den Daumen mit den Breipopeln vorwurfsvoll in die Luft gehalten und gesagt: »Alles smuzich!« – »Klar! Deshalb sind Sie hier!«, wollte Betsi sagen, ging aber nicht. Betsi hat den Mund nicht aufgekriegt. Sie hatte Angst. Angst vor der Putzfrau und ihrer resoluten Verachtung. Seither putzt Betsi vor, damit die Putzfrau nichts zu meckern hat. Wenn ich vorschlage, der Putzfrau zu kündigen, atmet Betsi schwer und guckt genauso ins Leere, wie die Darsteller eines subtilen Psychothrillers in den Raum hinter der Kamera gucken, damit man weiß, dass gleich etwas Folgenschweres passieren wird.

Eine andere Freundin verbrachte Jahre in Beklommenheit, nachdem sie, gerade eingezogen, auf dem Weg in den Waschkeller von einer Nachbarin abgefangen wurde: »Ihre Wäsche liegt seit gestern Abend in der Trommel. Das ist in diesem Haus unüblich, denn feuchte Wäsche beginnt über Nacht zu riechen. Es wäre außerdem gut, wenn Sie beim Intimverkehr leiser wären.« – »Ist Vögeln in diesem Haus auch unüblich?«, wäre eine schlagfertige Antwort gewesen. Meine Freundin war nicht schlagfertig.

Ich verstehe das. Mein Sohn ging kurz in einen Kindergarten, in dem es eine Erzieherin gab, die ihn mir am ersten Tag mit den Worten »Keine dramatischen Abschiedszenen, bitte!« aus der Hand gerissen und die Tür zum Gruppenraum zugeschlagen hatte. Ich schaffte es nie, ihr so richtig die Meinung zu sagen. Immer wenn ich einen Anlauf machte, schob sie das Kinn vor und sagte etwas, das mit »Keine« begann, mit »bitte!« aufhörte und mir nachhaltig die Sprache verschlug: »Keine Übertreibungen, bitte!« oder »Keine Aufregung, bitte!« Wir zogen dann zum Glück um.

In der Welt, in die ich hineinerzogen wurde, geht man mit anderen grundsätzlich erst einmal freundlich, rücksichtsvoll und zuvorkommend um: Wenn auf der Straße einer in mich hineinläuft, rufe ich daher reflexartig »Entschuldigung!«. Schnauzt der Rempler »Passen Sie doch auf!«, weiß ich, er kommt von einem anderen Stern: ein Benimm-Mutant. Benimm-Mutanten sind nicht nur dumm oder dreist, sondern beides, nämlich das Schlimmste: dummdreist. Benimm-Mutanten kann man nur mit ihren eigenen Waffen schlagen: mit Großmäuligkeit und Herablassung. Am besten wäre es, sie komplett zu ignorieren: Nichts fürchten Benimm-Mutanten mehr als die eigene Bedeutungslosigkeit. Aber dazu braucht man – vor allem, wenn man mit einem von ihnen regelmäßig zu tun hat – eine extrem gut gepolsterte Seele, denn je weniger man sie beachtet, desto unverschämter werden sie. Das Einfachste ist, sich halt ein bisschen vor ihnen zu fürchten, laut »Guten Morgen« und »Guten Abend« zu sagen und leise zu hoffen, dass es eine Benimm-Mutanten-Hölle gibt. Da stehen die Benimm-Mutanten dann herum und raunen sich bis in alle Ewigkeit gegenseitig zu: »Das steht mir zu!« oder »So nicht!« oder »Das lasse ich mir nicht bieten!« Kann man sich eine schlimmere Strafe vorstellen?

Erotische Träume neben dem eigenen Mann

Manchen Menschen fehlt die Fähigkeit, sich daran zu erinnern, was sie geträumt haben. Solche Menschen tun mir sehr Leid. Wem der Schlaf nicht mehr ist als eine ausgedehnte Ohnmacht, der wird doch glatt um ein Drittel seiner Lebenszeit beraubt: Nachts kann man schließlich die dollsten Dinge erleben.

Heute Nacht zum Beispiel hat meine ältere Schwester ein drittes Kind bekommen. Das Kind war bei seiner Geburt sieben Monate alt, sehr pausbäckig und schlief dreizehn Stunden durch. Meine Schwester war glücklich, allerdings hatte sie plötzlich schlohweiße Haare. Ich starrte auf die schlohweißen Haare, meine glückliche Schwester starrte auf das pausbäckige, rekordschlafende Riesenbaby. Nach dem Aufwachen habe ich mich geärgert, dass es keine Service-Hotline für psychologische Traumdeutungen gibt: Ich hätte sofort angerufen. Oder vielleicht auch nicht. Vielleicht will ich gar nicht wissen, was dieser Traum bedeutete. In meinen Träumen spuken andauernd Kleinstlebewesen herum, das ist wie ein Fluch der Natur: Mein Mann träumt nie von Kindern. Als ich das erste Mal schwanger war, hatte ich folgenden Traum: Ich stehe an einer Straße, an der Straße hält ein Bus, der Bus fährt los, und wo eben noch ein Bus stand, steht plötzlich ein Kinderwagen. Ich will weitergehen, aber irgendjemand schreit: »Vergessen Sie Ihren Kinderwagen nicht.« Ich sage: »Das ist nicht mein Kinderwagen.« Keiner glaubt mir. Panisch biete ich Passanten den Kinderwagen an, in dem ein Säugling liegt, niemand will ihn, alle behaupten, es sei meiner, und schauen mich erschüttert an. Ich habe keinen Säugling bestellt, da bin ich ganz sicher! Wer hat mir dieses Gör angehängt? Wie werde ich es wieder los? Mir dämmert: Niemals werde ich es wieder los! Und wache schweißgebadet auf.

Träumen ist nichts für Kontrollfreaks. Wer träumt, muss in Kauf nehmen, dass das Unbewusste das Bewusste außer Kraft setzt: Es gibt diese Träume, in denen man so intensiv glücklich ist, dass das Glück sich über das Erwachen hinaus aufführt, als habe es eine im Tatsächlichen verankerte Existenzberechtigung. Die umgekehrte Variante gibt es natürlich auch: Wochenende, Sonnenschein, der Mann bringt Kaffee ans Bett, trotzdem nagt die Mutter aller miesen Launen an dir herum – nur weil dir um 3 Uhr 26 vom Schulleiter deiner Kinder auf einer Postkarte mitgeteilt wurde, dass es nun doch nichts wird mit deiner Berufung zur ersten deutschen Außenministerin.

Zu den besonders heiklen Kategorien des Traumes gehört der erotische Traum. Solange man schläft, bringt er auf alle Fälle mächtig Spaß. Allerdings droht am Morgen danach eine schwere Identitätskrise, wenn man versuchen muss, sich die Frage zu beantworten: »Warum ausgerechnet mit dem Hausmeister?«

Im Traum kann man sich seine Liebhaber nicht aussuchen.

Ich habe schon einmal eine Nacht mit Boris Becker verbracht, den ich in wachem Zustand, nun, sagen wir: mäßig anziehend finde. Ich kann mich nicht daran erinnern, dass es zum Äußersten kam, klar war aber, dass wir schwer verliebt waren. Boris fuhr laufend in todschicken Flitzern vor, um mich in die teuersten Restaurants auszuführen, am Ende war ich auf wundersame Weise von ihm schwanger (s. o.) und wurde von großer Seligkeit überflutet, als ich begriff: »Nie wieder Geldsorgen!« Noch bevor ich ein rotblondes Kind gebären konnte, wachte ich auf, erblickte den Kopf meines nach BAT bezahlten Ehemannes auf einem Ikea-Kissenbezug und schwankte zwischen emotionaler Erleichterung und materieller Enttäuschung.

Ich bin nicht die Einzige, die nachts mit Promis anbändelt. Das hat eine Umfrage unter Kolleginnen und Kollegen ergeben. In deren Träumen tauchten bereits auf: Jude Law, Axl Rose, Klaus von Dohnanyi, Sophia Loren, Brad Pitt, Nicolette Krebitz und – Britney Spears! Eine Bekannte wird seit der Pubertät immer wieder von Pierre Brice alias Winnetou an den Ufern des Silbersees vom Pferd gehoben und auf die sanft im Wind schaukelnden Gräser der Prärie gebettet. Eine andere gestand erschüttert, dass sich Ex-Bundeskanzler Kohl ihr einst in eindeutiger Absicht mit den Worten näherte: »Sie dürfen Helmut zu mir sagen!«

Der spektakulärste erotische Traum, von dem ich je gehört habe, ist der, in dem sich eine dritte, feministischen Idealen durchaus nicht verschlossene Kollegin in David Beckham verwandelte: »Tausend Kindermädchen wollten was von mir, ich bin die ganze Zeit mit einem Riesending herumgelaufen und habe gedacht: Wow, ist das geil, ein Mann zu sein!« Also, wirklich. Aus politisch korrekter Sicht muss man das schlicht als fundamentalen Albtraum bezeichnen. Aber: Die Nacht ist nun mal nicht zum Emanzipieren da.

Annahme verweigert

Abends im Bett. »Ist dir mal aufgefallen, dass man genau weiß, dass man ein Gehirn hat?« Von der Seite meines Mannes dringt ein ratloses Geräusch zu mir. »Das Gehirn hat keine Nerven«, fahre ich fort, »also kann man es nicht spüren. Trotzdem fühlt man, wo es ist, weil man merkt, wie es arbeitet.« – »Hm. Interessant«, sagt mein Mann und schläft ein. Ich bleibe wach und denke noch ein bisschen über mein Gehirn nach. In letzter Zeit arbeitet es nämlich unzuverlässig. Nichts Beängstigendes, es produziert keine Stimmen oder Halluzinationen: Es piesackt mich mit Vergesslichkeit.

Kürzlich habe ich entdeckt, dass ich nicht mehr weiß, wo ich die Eintrittskarten für den Theaterbesuch mit dem Kindergarten gelassen habe. Ich weiß: Ich gab der Erzieherin das Geld, sie reichte mir einen Umschlag, den ich in die Tasche des Mantels oder der Jacke stopfte. Wochen später griff ich in diese Tasche, fand den Umschlag und dachte: »Oh.« Das ist das Letzte, woran ich mich erinnere. Ich habe sämtliche Taschen durchwühlt, der Umschlag ist futsch: weil mein Gehirn es strikt abgelehnt hat, seine Existenz länger als jeweils zweieinhalb Sekunden zur Kenntnis zu nehmen. Ich nehme meinem Gehirn das übel, weil es mich damit endgültig zur Nicht-Super-Mutti degradiert. Super-Muttis gehen vom Kindergarten aus nach Hause, heften die Karten an die Küchenpinnwand und notieren den Termin im Familienkalender. Super-Muttis haben das Leben fest im Griff. Das kann man von mir nicht zuverlässig behaupten.

Das Problem ist nicht, dass ich so viel zu tun habe. Das Problem ist, dass ich daran denken muss, es zu tun. Meine grauen Zellen sind verstopft von scheinbar banalen Zusatzaufgaben, die das Familienleben einem stellt, so als hätte man mit der Bewältigung der täglichen Routine – Kinder, Job, Haushalt – nicht schon genug zu tun: Umschlag mit Theaterkarten in Sicherheit bringen, 15 Euro für die Klassenkasse in den Ranzen packen, Ballettkurs fristgerecht kündigen, zur U8 beim Kinderarzt Urin mitbringen, Sehtest bei der Augenärztin machen lassen, Geburtstagsgeschenk kaufen, mit Sohn lesen üben, Obstplastikbehälter für das Laternebasteln sammeln, Bilderbücher in die Bücherei zurück, Turnschuhe mit heller Sohle besorgen. Manchmal, wenn ich versuche, mir das alles zu merken und nach Dringlichkeit zu ordnen, fühlt sich mein Hirn an, als würde es gleich platzen. Tut es aber nicht. Es weigert sich einfach, Punkte zu sichern, oder löscht sie, noch bevor ich dazu komme, sie auf To-do-Listen zu dokumentieren: Annahme verweigert!

Außer einem permanenten Gefühl von Unzulänglichkeit zeitigt meine Vergesslichkeit übrigens keine größeren Katastrophen. Zur Not kann man sich im Schoß der Gruppe auch ohne Karten ins Theater schleusen. Das weiß ich zufällig genau. Schließlich habe ich die Theaterkarten auch schon letztes Jahr versust.

Weinen lernen mit den Brüdern Löwenherz

Schon bei den allerersten Worten wächst ein Kloß in meiner Kehle. Mein Herz zieht sich zusammen. Die Buchstaben verschwimmen. Beim elften Satz des ersten Kapitels geschieht, was jedes Mal geschehen ist, seit ich ihn vor einem Vierteljahrhundert erstmals gelesen habe: »Jonathan wusste, dass ich bald sterben würde.« Genau an dieser Stelle fange ich an zu heulen, und zwar Rotz und Wasser.

Dass ich die allerersten Lebensjahre unserer Kinder psychisch halbwegs unversehrt überstanden habe, verdanke ich Astrid Lindgren und ihrem Buch »Die Brüder Löwenherz«: »Die Brüder Löwenherz« haben mir an den rabenschwärzesten Tagen geholfen, meinen Gefühlen freien Lauf zu lassen. Ein typischer rabenschwarzer Tag mit zwei Kleinkindern sah bei uns so aus: November. Wochenende. Regen. Gleich nach dem Aufwachen gegen 5:30 Uhr hatten die Kinder begonnen zu streiten, zu schreien und zu heulen. Irgendwann fingen wir, die Eltern, an, sie anzuschreien. Schließlich stritten mein Mann und ich uns. Spätestens am frühen Nachmittag verfielen wir in tiefe Agonie, wortlos starrten wir vor uns hin, während die Kinder weiter kreischten und plärrten, Saft verschütteten, Hosen einnässten, sich gegenseitig von Dreirädern stürzten, bis wir uns mit letzter Kraft aufrafften und zum Spielplatz schleppten, wo die Kinder abgelenkt waren und die Eltern ungestört im familiären Stimmungstief versacken konnten. Meine Gefühle, die nach solchen rabenschwarzen Tagen darauf warteten, rausgelassen zu werden, möchte ich nicht näher beschreiben, sonst steht womöglich gleich morgen das Jugendamt vor unserer Haustür. Die einzige Möglichkeit, sie loszuwerden, war: sie mittels einer Tränenflut aus der Seele zu waschen. Darum nahm ich am Abend solcher rabenschwarzen Tage »Die Brüder Löwenherz« mit ins Bett: Ich wollte weinen.

Leider kann ich das nicht mehr gut, weinen. Früher war ich eine spitzenmäßige Heulsuse. Mein Spiegelbild in der Umkleidekabine eines Jeansladens, Liebeskummer, Misserfolge und überhaupt jeder unsanfte Umgang mit meiner Person trieben mir Tränen in die Augen. Inzwischen weine ich nur noch selten. Ich habe keine Zeit mehr dafür. Offensichtlich bin ich souveräner geworden. Härter. Selbst der schlimmste Ehekrach gipfelt meinerseits eher in einem geschnauzten »Du kannst mich mal kreuzweise!« als in einem Schluchzen. Das Einzige, was zuverlässig meine Tränendrüse aktiviert, sind Geschichten und Bilder von leidenden Kindern. Diesen Reflex teile ich, soweit ich weiß, nicht nur mit meinem Mann, sondern mit allen Müttern und Vätern dieser Welt: keine individuelle Gefühlsregung also.

Die Kinder sind inzwischen größer, die rabenschwarzen Tage viel seltener. Trotzdem gibt es in meinem wie in jedem Leben immer noch mindestens so viele gute Gründe zu weinen, wie es Gründe gibt, fröhlich zu sein. Notorische Optimisten gehen mir gehörig auf den Keks. Kaum wagt man es, mal verzweifelt zu sein, sich einer diffusen Traurigkeit hinzugeben ob der Eitelkeit allen Seins, wie es der Prediger Salomo ausdrückte, ruft diese Sorte Mensch mit Meister Propper-Gemüt: »Ach, das wird schon wieder!« Da antworte ich: Ihr könnt mich mal. Und zwar kreuzweise. Ich lese jetzt »Die Brüder Löwenherz«, so etwas wie Viagra für meine impotente Tränendrüse, und heule. Über diesen und andere Tage. Darüber, dass Kinder sterben, über Georg W. Bush jr., das Privatfernsehen und den letzten Brief der BfA, in dem mir meine voraussichtliche Rente mitgeteilt wurde. Ich weine über das ungeputzte Bad, die Kinderbetreuung in Hamburg und darüber, dass morgen um halb sieben mein Wecker klingelt. Und zwar, bis das Kissen nass ist.

Lange nicht gesehen

Mein Mann und ich sitzen auf dem Fußboden über einer Europakarte. Wir wollen in die Provence fahren. Mit dem Auto. Und den Kindern. Mit dem Auto in die Provence zu reisen ist keine echte Herausforderung. Auch die Tatsache, dass Eltern Kinder in den Urlaub mitnehmen, beeindruckt nur mäßig. Mit Auto *und* Kindern von Hamburg in die Provence fahren zu wollen ist dagegen ein gewagtes Unternehmen, jedenfalls wenn es sich um *unser* Auto und *unsere* Kinder handelt: Unser Auto ist sehr alt, unsere Kinder sind sehr jung. Günstiger wäre es, wenn es sich umgekehrt verhielte.

Mein Mann und ich sitzen also auf dem Wohnzimmerboden, fasziniert von unserem Mut zum Heldentum, und überlegen, wie wir an Körper und Seele unversehrt ans Ziel gelangen können. Für die Wir-wechseln-uns-ab-und-fahren-durch-Nummer sind wir zu alt. Nicht nur unsere eigenen inneren Stimmen, auch die Polizei und der ADAC und Urlaubspsychologen raten von so was dringend ab: Wir werden einen Zwischenstopp einlegen. Mein Mann rubbelt mit dem Zeigefinger auf Trier herum. »Super!«, rufe ich. »Da irgendwo in der Nähe wohnt Astrid! Die wollte ich immer mal besuchen!« – »Wer ist Astrid?«, fragt mein Mann, er runzelt die Stirn. Menschen kennen zu lernen gehört nicht zu seinen favorisierten Urlaubsaktivitäten. Ich erkläre, dass ich Astrid auf einem Seminar in Berlin kennen gelernt habe, da war sie schwanger. »Wann soll das gewesen sein?« – »Ist ein bisschen her«, sage ich.

Ich rufe Astrid an. Sie braucht ein bisschen, bis sie kapiert, wer ich bin. Ich versuche das Gespräch in Gang zu bringen: »Und, wie geht's eurem Kind? Das muss ja jetzt schon im Kindergarten sein.« – »Ben ist in der Ersten«, sagt Astrid. Ich hoffe kurz, dass Ben frühreif ist, da fährt Astrid fort: »Ist mindestens vier Jahre her, dass wir uns gesprochen haben. Und wie geht's dir so?« Ich erzähle, dass ich auf dem Weg in die Provence quasi an ihrer Haustür vorbeikomme. »Wir müssen uns sehen!«, ruft Astrid. – »Ja, also. Vielleicht können wir bei euch schlafen.« – »Wer ist wir?«, fragt Astrid. »Ich und mein Mann und unsere zwei Kinder.« – »Ach so«, sagt Astrid.

Auf dem Fußabtreter vor Astrids Haustür steht: WELCOME. Ich bin nicht sicher, ob das uns gilt. Es ist 23:10 Uhr. Wir sind, wie immer, viel zu spät losgekommen, vor Osnabrück und Köln standen wir im Stau, die Kinder mussten jeweils rund 25-mal pinkeln, kaum hatten wir die Autobahn verlassen, haben wir uns verfahren, mein Handy-Akku war in Bremen leer, mein Mann hatte Astrids Nummer nicht gespeichert. »Ich traue mich nicht!«, sage ich. »Mach schon«, sagt mein Mann. »Ich muss mal!«, sagt unser Sohn. »Ich auch!«, sagt unsere Tochter. Ich klingle. Astrid öffnet die Tür. »Wo ist das Klo?«, ruft unser Sohn. »Ich zuerst!«, schreit unsere Tochter. »Pssst!«, zischt Astrid, »Ben wacht auf! Hallo.«

Um 00:30 Uhr liegen wir zu viert auf zwei Matratzen im Wohnzimmer. Astrid schläft längst: »Tut mir leid, ich bin todmüde, vielleicht können wir uns morgen unterhalten.« Um acht liegen die Kinder noch auf den Matratzen, wir liegen auf dem Teppich. Ich ziehe eine Strickjacke über. Astrid trinkt in der Küche Kaffee. »Na?«, sage ich. »Schlafen deine Männer noch?« – »Nee«, sagt Astrid. »Ben ist in der Schule, Christoph bringt ihn, bevor er zur Arbeit geht.« Stimmt, hier haben die Ferien noch gar nicht angefangen. »Sag mal«, sage ich. »Kann ich uns vielleicht ein paar Brote schmieren?« Um elf fahren wir ab, schließlich haben wir noch eine weite Reise vor uns. Astrid steht in der Haustür, winkt lahm und sieht unausgeschlafen aus. Ich lehne mich aus dem Fenster: »Danke! Vielen Dank! Und wenn ihr mal nach Dänemark fahrt ...« – »Mal sehen«, ruft Astrid. Irgendwie habe ich das Gefühl, dass wir uns nicht wieder sehen werden.

Wer sonst, wenn nicht wir?

Eines der vielen nebensächlichen Probleme, die ich habe, ist das, dass ich mich andauernd angesprochen fühle. Jedes Mal, wenn in Schule, Kindergarten und Gemeinde Elternsprecherinnen, Kuchenbäckerinnen und Ausflugsbegleiterinnen gesucht werden, denke ich sofort: »Die meinen mich.«

Ich werde leider sehr unausgeglichen und fange an, Mann und Kinder anzuschreien, wenn ich nach der Arbeit zu oft Kuchen backen und Elternratssitzungen besuchen muss, und das kann ja nun wirklich keiner wollen, dass eine Ehe zerbricht und Kinder traumatisiert werden, nur damit ein Schokopuffer mehr auf dem Büfett steht. Darum backe ich nur ab und zu einen Kuchen und war erst einmal Elternsprecherin und werde dieses Jahr bei nur einem Fest geholfen haben, und obwohl ich mir sage, dass das besser ist als nichts, gibt es eine innere Stimme, die nicht verstummt: »Wenn die Gemeinschaft dich ruft, musst du ihr folgen. Wo kämen wir hin, wenn jeder nur an sich dächte?« – »Schnauze«, sage ich. »Wo komme ich hin, wenn ich immer nur an andere denke?«

Die Stimme versucht sogar, mir einzureden, ich solle noch ein Kind in die Welt setzen. Seit einigen Monaten wird einem, sobald man das Radio anmacht oder die Zeitung aufschlägt, vorgehalten, dass in Deutschland viel zu wenig Kinder zur Welt kommen und dass es hierzulande sehr ungemütlich werden wird, wenn nicht endlich ein Ruck durch Deutschlands Frauen geht und sie sagen: »Okay, irgendjemand muss es ja machen, wer sonst, wenn nicht wir?« Wenn ich mal wieder einen Artikel lese, aus dem klar hervorgeht, dass jedes nicht geborene Kind noch viel dramatischere Folgen zeitigt als hundert nicht gebackene Kuchen, denke ich sofort: »Die meinen mich!« Die Stimme flüstert: »Deine Ehe ist heil, du bist gesund, erst Mitte Dreißig, ihr habt genug Geld: Dass du kein Kind mehr willst, ist purer Egoismus.« – »Schnauze«, antworte ich. »Ich habe schon zwei Rentenzahler produziert, das sind 0,7 mehr als der Durchschnitt. Ich habe in den letzten Jahren den Gegenwert dreier Kleinwagen in Tagesmütter und Kindergärten investiert, während die Kinderlosen um uns herum einen Bausparvertrag nach dem anderen abschlossen, eine Zeit lang musste ich, um meine berufliche Zukunft zu sichern, mehr Geld für Kinderbetreuung ausgeben, als ich verdient habe – so viel zur staatlichen Familienförderung. Außerdem steh ich nicht auf Kleinkinder. Ich bin froh, dass meine schon so alt sind und ich noch so jung: Eine strahlende, still- und windelfreie Zukunft liegt vor mir.« – »Julia, wenn alle so denken wie du, werden wir bald aussterben«, sagt die Stimme: »Und, gib's zu, ist doch auch ganz süß, so was Kleines.«

Die Stimme klingt ein bisschen wie die von Ursula von der Leyen, die neben ihrer Tätigkeit als Ärztin ein Kammerorchester zur Welt gebracht hat, um dann, nachdem sie aus dem Gröbsten raus war, Familienministerin zu werden. Kann sein, dass der Mensch »Ursula von der Leyen« total nett ist. Wie auch immer, das Konzept »Familienministerin Ursula von der Leyen« ist doch total daneben: Wer erträgt schon eine Familienministerin, die als Allererstes einen fortpflanzlichen Minderwertigkeitskomplex auslöst und einen Lebenslauf vorweisen kann, angesichts dessen ich mich nicht einmal als voll berufstätige, allein erziehende Vierfachmutter trauen würde, keinen Kuchen für das nächste Schulfest zu backen? »Eins, zwei, drei, vier, fünf, sechs, sieben – jedes wirst du schließlich lieben«, flüstert die Ministerin. »Alles ist möglich, wenn du nur aufhörst, immerzu an dich selbst zu denken. Du musst nur wollen!« Ich will aber nicht.

Die Klopapierrollenplage

Die Tür zum Arbeitszimmer öffnet sich, meine Tochter pirscht sich an den Schreibtisch heran und überreicht mir ein Blatt Papier, auf dem sich 1/2 Pritt-Stift, 3 Glitzerschnipsel, 1 TL Anspitzerinhalt und 1 (mit Tesa leidlich befestigtes) leeres Schneckenhaus befinden. Sie, feierlich: »Für dich.« – Ich, um Feierlichkeit bemüht: »Danke, toll!« Ich lege das Blatt zu den drei Dutzend anderen Kunstwerken, die sie mir in den letzten vier Tagen gewidmet hat.

Wenn ein Kind erstmals ein Papier bekritzelt, ist man verzückt. Auch der erste Kopffüßer rief meinerseits einen Begeisterungssturm hervor. Inzwischen hat meine Euphorie gelitten: Nichts, was nicht niet- und nagelfest ist, ist von meiner Tochter noch nicht auf Papier oder Pappe geklebt worden. »Freuen Sie sich über so viel Kreativität, fördern Sie die Neigung ihres Kindes!«, ruft mir der Deutsche Verband der Kunstpädagogen zu. »Aber wer soll das wieder wegmachen, bitteschön?«, rufe ich zurück. »Sie doch bestimmt nicht!« Die von meiner Tochter im Akkord produzierten Kunstwerke überschwemmen wie eine Algenplage unsere Wohnung. Wohin man schaut, hängen, liegen, fliegen Zettel, Pappen, Blätter. Wüsste Greenpeace vom Papierverbrauch in unserem Haushalt, würden auf der Stelle Aktivisten unser Dach stürmen und ein

Plakat entrollen: »Hier wohnt eine Fünfjährige, die einen Hektar Urwald auf dem Gewissen hat!«

Immerhin rund jedes hundertste Bild wird von mir archiviert. Zum kinderseelenverträglichen Abbau der restlichen 99 Prozent habe ich ein mehrstufiges Entsorgungssytem entwickelt: Die Bilder werden eine Weile ausgestellt, anschließend werden sie nacheinander in drei verschiedenen Schubladen gelagert, aus denen man sie zur Not ziehen kann, dann sind sie in Vergessenheit geraten, und ich kann sie zum Altpapiercontainer bringen – falls sie nicht kurz vor dem Ziel kreischend zwischen alten Zeitungen hervorgezogen werden: »Warum schmeißt du das weg?« – »Süße, wir können doch nicht *alles* aufbewahren.« – »Aber die sind sooo schööön!« Ich wünschte, ich könnte ab und an so begeistert über mich und meine Produkte sein wie meine Tochter: Ich jedenfalls werde sie nicht desillusionieren, das erledigen andere früh genug. »Stimmt«, sage ich und rette die Bilder – vorläufig: Manche brauchen drei Runden, bis sie es ins Altpapier schaffen.

Wenn Betsi, Mutter von zwei ebenfalls mal- und bastelwütigen Töchtern, mich ärgern will, ruft sie uns am Ende eines bei ihr verbrachten Nachmittages nach: »Ihr habt eure Bilder vergessen!« Zu den Privatprodukten kommen die Kindergartenerzeugnisse: Mandalas, Buntpapierklebebilder und je nach Jahreszeit zu Schmetterlingen oder Weihnachtsmännern verarbeitete Klopapierrollen. Auch mein Sohn trug am Ende der Vorschule eine Mappe mit schätzungsweise

200 Bildern nach Hause, der Einschulung sah ich daher beunruhigt entgegen: Zu meinen Grundschulzeiten hat man für die Eltern Topflappen und Aschenbecher aus Ton gefertigt, auf derart Nützliches darf man ja heutzutage nicht mehr hoffen. Als der Lehrer beim ersten Elternabend bekannte: »Mit Basteln und Malen hab ich es nicht so«, wäre ich ihm gerne um den Hals gefallen.

Schämt euch

Jenseits der dreißig steuert man sanft auf ein Alter zu, das einen zu der Klage berechtigt, früher sei alles besser gewesen. Meine Generation ist in dieser Hinsicht extrem priviligiert: Wir wurden in einer Zeit groß, in der *nachweislich* alles besser war als heute. Zum Beispiel wussten damals noch mehr Menschen, wie schämen geht. Ich muss relativ groß gewesen sein, als ich es gelernt habe, ich erinnere mich noch an mein erstes Mal.

Ich war bei etwas Verbotenem ertappt worden. Zu einem vertrauten Gefühl – dem pragmatischen Schiss davor, was für handfeste Nachteile (Strafpredigt, Stubenarrest, Fernsehverbot) ich nun würde erleiden müssen – gesellte sich eine unbekannte Empfindung: Meine Wangen prickelten, Hirn und Herz fühlten sich taub an, und ich wünschte, vom Erdboden verschluckt zu werden. Überrumpelt von dieser emotionalen Ersterfahrung ging mir erst später auf, was das wohl war, was ich da gerade durchgemacht hatte. »Ah«, dachte ich. »Das muss das Schämen gewesen sein, von dem die Erwachsenen immer reden. Ist ja eklig!« Fortan bezog ich, sobald ich moralisch Zweifelhaftes plante, das Schampotenzial in meine Risikokalkulationen ein.

Sich schämen, das ist die körperlich spürbare Erkenntnis, dass man sich aus dem Kreis einer Gruppe katapultiert hat, zu der man gehören möchte – indem man gegen eine der Normen verstoßen hat, die diese Gruppe eint. Das kann die Familie sein, der Klassenverband, die Kollegen oder die ganze Gesellschaft. Teil der Gesellschaft zu sein, das scheint allerdings für beängstigend viele Menschen und Erziehungsberechtigte kein erstrebenswertes Ziel mehr zu sein. Neulich wollte ich einem Rudel Grundschüler Einhalt gebieten, die an unserer Bushaltestelle ein behindertes Mädchen foppten. »Ihr miesen kleinen Arschlöcher«, rief ich, hielt einen Kurzvortrag zum Thema »Umgang mit Schwächeren« und beschloss ihn mit den Worten: »Schämt ihr euch gar nicht?« Ich sah an ihren leblosen Blicken, dass sie keinen blassen Schimmer hatten, wovon ich redete. Erst als ich vorgab, sie bei ihren Eltern verpetzen zu wollen, guckten sie angemessen betreten.

Heutzutage gibt es für die Jugend ja auch nur noch wenige Vorbilder in Sachen Scham: Als leuchtendes Beispiel hebe ich die deutschen Manager hervor, die es mit Rücksicht auf die Empfindungen der Öffentlichkeit für sich behalten, was sie verdienen. Ansonsten schämen sich die meisten Menschen entweder für das Falsche und machen sich selbst damit unglücklich: für zu kleine Brüste, eine zu flache Karriere, zu wenig Sex. Oder ihnen ist gar nichts peinlich, das wiederum macht mich unglücklich: Menschen, die sich fummelnd im Whirlpool ihres Swingerclubs filmen lassen, sich im Fernsehen damit brüsten, das Leben als Sozialhilfeempfänger und Schwarzarbeiter sei ein auskömmliches und bei laufender Kamera im Schrebergarten eine Geburtstagsparty für Adolf Hitler feiern – solchen Menschen ist es offensichtlich schnurzpiepegal, was ich, ihre Nachbarn und der Rest des Landes über sie denken. Solche Idioten hat es natürlich schon immer gegeben, aber früher haben sie sich wenigstens ein bisschen für ihre Blödheit geschämt und heimlich ihr Unwesen getrieben. Das hat mir deutlich besser gefallen.

Achtung vor Unkrautvernichtern

Meine Freundin Betsi wohnt in einem Stadtteil, den man »großbürgerlich« nennt. Tatsächlich laufen dort auffällig viele große Bürgerinnen herum, denn es handelt sich um eine von Ex-Models bevorzugte Wohngegend. Die großen Frauen haben Ehemänner mit großem Einkommen und gewieften Steuerberatern. Die Kinderwagen, die sie über die großbürgerlichen Bürgersteige schieben, haben Räder, die nur wenig kleiner sind als die eines Geländewagens. Das ist praktisch: 1.) Die Kinderwagen fahren auch dann stabil, wenn sie fünf große Prada-Tüten geladen haben. 2.) Mit ihnen in öffentliche Verkehrsmittel zu gelangen ist unmöglich, die Anschaffung eines großen Drittwagens unumgänglich.

Das einzig Nichtgroße, was sich die großen, meist blonden Frauen leisten, sind kleine, meist dunkelhaarige, hoffentlich großzügig bezahlte Frauen, denen sie das Kind aus dem Geländekinderwagen anvertrauen, wenn sie vor oder nach einem kräftezehrenden Boutiquen- und Coffeeshop-Bummel in sehr großen Altbauten ruhen oder ein Spa aufsuchen müssen. Laut Betsi, die sich als Ex-Gelegenheitsmodel mit einem Mann mit mittelgroßem Einkommen, zwei Kindern und einer 4-Zimmer-Altbauwohnung begnügen muss, tauschen sich auch große Frauen trotz der Beschäftigung von Kindermädchen ausgiebig über Fragen der Erziehung und Kinderpflege aus: »Neulich hat eine gefragt: Wickelst du eigentlich selbst?«

Betsis Stadtteilberichten lausche ich so gierig, wie ich früher Geschichten von fernen Ländern und entlegenen Eilanden aufsog: Wenige Luftkilometer von meinem Zuhause entfernt leben Menschen, deren Denken mir ungefähr so vertraut ist wie das der Papuas auf Neuguinea. Ach was, so weit brauche ich gar nicht zu fahren: Schon wenige Straßen weiter stoße ich auf mir Unbegreifliches.

Dort steht ein Haus. Die nicht eben bescheiden bemessene Fläche vor dem Haus ist komplett versiegelt mit diesen wellenförmigen Pflastersteinen, die sonst beim Parkplatzbau verwendet werden. Es gibt in einer Gerade nebeneinander fünf gleich große, kugelrunde Aussparungen, eingefasst von Rotklinker. In den kugelrunden Aussparungen stehen kugelrund geschnittene Bäumchen, um deren Stämme weiße Kiesel geschüttet wurden.

Die weißen Kiesel liegen auch dort, wo der weiße Kunststoffzaun in den Boden gelassen ist. Neulich nahm meine Tochter eine Handvoll dieser Kiesel, so dass ein Stückchen braunes Erdreich entblößt wurde, und warf sie dorthin, wo Angehörige meines eigenen Kulturkreises Vorgärten anlegen.

Ich bekam Angst und rief: »Lauf! Lauf so schnell du kannst!« Ich hielt es für nicht unwahrscheinlich, dass sich die Haustür öffnen und ein zorniger Anhänger des deutschen Unkrautvernichtungskultes exakt

10,2 × 10,2 × 10,2 Zentimeter große Betonquader nach uns schleudern könnte. Zu Hause erläuterte ich den Kindern, wie wichtig es ist, die Andersartigkeit fremder Kulturen zu achten, ihnen Heiliges zu respektieren: Nur so kann das friedvolle Miteinander in einer multikulturellen Gesellschaft gelingen.

Eine Gegendarstellung gegen mich selbst

Auf S. 110ff. habe ich unter der Überschrift »Wer sonst, wenn nicht wir?« behauptet: 1.) Es könne sein, dass der Mensch »Ursula von der Leyen« total nett sei. 2.) Das Konzept »Bundesfamilienministerin Ursula von der Leyen« sei total daneben: sieben Kinder, zwei Examen, ein Doktortitel, ein Bundesministerium – diese Frau ist keine perfekte Symbiose von Kind und Karriere. Die ist eine Außerirdische. Von Außerirdischen wollen höchstens ein paar Freaks regiert werden, nicht aber deutsche Durchschnittsmütter. Hierzu stelle ich fest: Das ist falsch. Zu 1.): Keine Ahnung, ob Ursula von der Leyen nett ist oder nicht, ich kenne sie nicht persönlich. Zu 2.): Ich werde gerne von Ursula von der Leyen regiert.

Da holt Angela Merkel diese Frau in ihr Kabinett, die die Verkörperung des neokonservativen Frauenideals zu sein scheint: fleißig, fruchtbar, familienorientiert. Und dann entpuppt sich die Vorzeigefrau als Elefantin, die – zu meinem größten Vergnügen – unbeirrt im Porzellan männlich-traditioneller Gewissheiten herumtrampelt, so dass die Stoibers, Rüttgers und Kauders dieser Republik gar nicht mehr aus dem Hyperventilieren herauskommen: Mehr qualifizierte Tagesmütter? Ganztagsschulen? Verbesserte Absetzbarkeit der Kinderbetreuungskosten, nur für Doppelverdiener? »Mein Gott, Röschen, nun pass doch auf, wenn du so weitermachst, geht noch die ganze schöne Rollenaufteilung kaputt, die wir von Oma und Opa geerbt haben! Wer soll dann unsere Hemden bügeln und unsere Kinder erziehen, während wir Karriere machen?«

Von der Leyen hat klare Vorstellungen davon, wie sie sich eine zeitgemäße Familienpolitik vorstellt, über diese Vorstellungen spricht sie laut, viele werfen ihr vor: ohne politisches Gespür – sprich: ohne Rücksicht auf panische Parteikollegen oder Wählerinnen, die darauf bestehen, eine Mutter gehöre zu ihrem Kind. Der *Spiegel* findet: »Diese Frau nervt.« Ich finde: Der *Spiegel* nervt. Sechs Männer haben sich an der Titelgeschichte abgearbeitet, aus der der zitierte Satz stammt. Ein paar Seiten später durften auch noch die Frauen ran: Vier Autorinnen (und ein Mann) trugen zehn Seiten Beweise dafür zusammen, wie rückständig Deutschland in Sachen Gleichberechtigung ist. Die klassische Aufgabenverteilung: Frauen dürfen nörgeln. Aber wenn eine auf die Idee kommt, etwas verändern zu wollen, blöken die Männer: »Die nervt.«

Extrem genervt waren sie vom »Vätergeld«: volle Förderung nur für Familien, in denen auch der Vater zwei Monate zu Hause bleibt. Derselbe Staat, der vorschreibt, dass es kein Anrecht auf Kinderbetreuung für unter Dreijährige gibt, dürfe Väter nicht dazu zwingen, Elternzeit zu nehmen. So ein Quark! Zurzeit werden Väter auch gezwungen, nämlich dazu, auf keinen

Fall eines Kindes wegen ein paar Monate nicht zu arbeiten. Jedenfalls behauptet der moderne Mann doch immer: »Elternzeit? Schatz, eigentlich gerne. Aber dann glaubt mein Chef, ich bin ein Weichei, und das war's mit meiner Karriere!« Diese Männer müssten nachgerade dankbar sein, wenn der Staat sie zwingt: Endlich hätten sie den besten aller Männervorwände (Geld!) dafür, warum ihnen nichts anderes übrig bleibt, als auch mal ein bisschen zu Hause zu bleiben. Warum sie lieber vom Chef als vom Staat gezwungen werden? Weil sie es in Wirklichkeit gar nicht anders wollen. Das nervt! Und zwar richtig.

Ätschibätsch

Meine Tochter ist fünf Jahre alt und feiert täglich Erfolgserlebnisse, worum ich sie konsequent beneide. Gestern reckte sie begeistert die Rechte empor, um die neueste feinmotorische Fähigkeit zu präsentieren, die sie sich angeeignet hatte: einen ausgestreckten Mittelfinger. Was sagt man dazu?

Die einzige bahnbrechende Fähigkeit, die *ich* in letzter Zeit erworben habe, heißt: Beschweren. Früher habe ich mich nie beschwert, jedenfalls nicht erfolgreich. Die Fachverkäuferin brauchte nur ihre an einer Kette hängende Schmetterlingsbrille auf die Nasenspitze zu setzen, mich über den Goldrand und ihren wogenden Busen hinweg zu fixieren und »Dafür kann ich aber nichts« oder »Da komme ich in Teufels Küche!« zu sagen. Schon purzelte mein sonst nicht sieches Selbstbewusstsein munter in sich zusammen, und ich trottete mit hängenden Schultern von dannen.

Diese Zeiten sind vorbei. Weil ich als berufstätige Mutter so viel Geld und Nerven in Einzelhandel, Bürokratie und Institutionen investiere, dass ich glaube, mir eine Art generelles Vetorecht verdient zu haben. Weil mir klar geworden ist, dass Gelassenheit nicht bedeutet, Unverschämtheiten klaglos hinzunehmen. Weil ich alt genug bin, um zu wissen, wie wenig ich ändern kann, so dass ich das Wenige an Einfluss, das ich habe, ausspielen muss, um mich nicht völlig unmündig zu fühlen: Gegen kriegsgeile Supermächte, machthungrige Politiker und geldgierige Vorstandsvorsitzende kann ich nichts ausrichten. Also lege ich mich mit der Deutschen Telekom und der Jugendbehörde an.

Letztes Mal habe ich tagelang freudig erregt dem Moment entgegengesehen, an dem ich das Paar Turnschuhe zurückgeben würde, das ich für meinen Sohn gekauft hatte – reduzierte Markenware. Binnen einer Woche hatte sich die hochgezogene Gummisohle von den Schuhspitzen gelöst. »Du hast gar keinen Bon mehr«, versuchte mein Mann meinen Kampfgeist zu schwächen: Er wird von der Vision gepeinigt, ich könnte mich schleichend in eine Xanthippe verwandeln. »Du kannst ja draußen bleiben«, sagte ich.

Natürlich wollte man mich abwimmeln. Ich blieb standhaft. Und freundlich. Denn das ist wichtig: Stil wahren. Die fein dosierte, beherrscht vorgebrachte Beschwerde unterscheidet von jenen Wichtigtuern, die den sozialen Frieden mit permanenten Das-steht-mir-aber-zu-Salven bedrohen. Während wir auf die Geschäftsführerin warteten, wies die Frau vom »Kundenservice« streng auf ein paar Grasstreifen am rechten Schuh: »Ihr Sohn hat damit Fußball gespielt, oder?« Ich muss sagen, ich war bestens vorbereitet, aber mit der Frage brachte sie mich kurz aus dem Konzept. Hätte ich damit rechnen können, dass es Sportschuhe Größe 33 gibt, Originalpreis 49 Euro 95, in denen ein Achtjähriger nicht Fußball spielen darf? Als ich den Laden kurz darauf mit einem Gutschein verließ, juckte es mich, der Ziege »Ätschibätsch!« zuzurufen. Aber man hat ja Stil.

Und wohin wollen wir jetzt?

Klassentreffen und artverwandte Veranstaltungen mag ich sehr. Niemals lasse ich eine Gelegenheit aus, Menschen wieder zu sehen, die ich seit Jahren nicht gesehen habe. Man findet es dort so herrlich normal, älter geworden zu sein, weil alle anderen genauso alt aussehen wie man selbst. Im besten Fall sogar noch älter.

Letztes Jahr war ich auf so einem Treffen, vor den Toren unserer Stadt. Es war das Ehemaligentreffen eines Vereins, dem ich zwischen sechzehn und achtzehn angehört hatte. Um zwei Uhr morgens erklärte ich, aufbrechen zu wollen. »Du fährst in die Stadt?«, sagte ein Mann, mit dem ich im Laufe meiner Vereinsmitgliedschaft zehn bis zwanzig Sätze, an diesem Abend noch kein einziges Wort gewechselt hatte. »Nimmst du mich mit?« – »Klar!«, sagte ich. Wir fuhren über leere Landstraßen. Meine Lieblings-CD lief. »Schöne Musik!«, sagte der Mann. »Ja«, sagte ich. »Find ich auch. Ganz schön dunkel, oder?« – »Ja«, sagte der Mann. Dann sagten wir nichts mehr, so dass die schöne Musik auf dunkler Landstraße ihre volle Wirkung entfalten konnte. Als wir die Stadt erreichten, sagte der Mann: »Hast du Lust, noch was trinken zu gehen?«

Mit siebzehn wäre die Antwort leicht gewesen. Mit siebzehn gab es nur zwei mögliche Antworten: »Nee, du, ich muss ins Bett« oder »Wohin wollen wir?« Wenn der Mann nicht das Sweat-Shirt in der Hose trug, nur ein einziges Buch besaß oder Scorpions-Fan war, standen die Chancen 100:1, dass ich gefragt hätte: »Wohin wollen wir?« Das ganze Leben mit siebzehn besteht ja aus dieser Frage: »Wohin wollen wir?« Um das herauszufinden, musste man sich hier und da und dort umschauen. Wenn es hier scheiße war, dann verkrümelte man sich möglichst elegant und ging dahin, wo man noch nicht gewesen war, am Ende blieb immer noch die Möglichkeit, es dort zu versuchen, und hier und da und dort konnte es gar nicht so enttäuschend oder überflüssig oder schmerzhaft sein, dass man nicht trotzdem daran glaubte, eine für die Zukunft immens wichtige Erfahrung gemacht zu haben. Mit siebzehn also gab es auf die Frage »Hast du Lust, noch etwas trinken zu gehen?« nur zwei Antworten. Mit 35 gibt es eine dritte: »Warum sollte ich?«

So etwas fragt man natürlich höchstens sich selbst, nicht den Mann. Also sagt man mit 35 erst mal »*Eigentlich* muss ich ins Bett«, damit gewinnt man zwei bis drei Minuten: Man sollte mit 35 mit einem Mann etwas trinken gehen, weil es nicht mehr so oft vorkommt, dass Männer mit einem etwas trinken gehen wollen. Vielleicht ist dies sogar das allerletzte Mal, dass einer das will, man kann ja nie wissen. Man sollte noch etwas trinken gehen, weil die Wahrscheinlichkeit mit 35 sehr hoch ist, dass man heute Abend tatsächlich nur etwas trinken geht, schließlich weiß man, wohin man gehört. Und vielleicht, warum auch nicht, unterhält man sich richtig nett: sitzt zusammen, trinkt Bier, er erzählt, dass er Umweltingenieur ist (»Und was macht man da so?«) und vor einem Jahr nach Mannheim gezogen ist (»Und wie isses da so?«), letzten Monat auf Madeira war (»Und wie war es da so?«) und die deutsche Wirtschaftspolitik für eine Katastrophe hält (»Und was schlägst du so vor?«). So in der Art. »Nee, du«, sage ich. »Lass mal. Ich muss ins Bett. Echt.«

Ein paar Dinge, die die PISA-Studie nicht über Finnland verrät

Betrachtet man die PISA-Ranglisten, drängt sich der Gedanke auf, dass man der Heimat ade sagen und nach Uusikaupunki, Jyväskyla oder Riihimäki ziehen sollte. Schon immer haben Eltern um der Zukunft ihrer Nachkommen willen Haus und Hof verlassen, südwestdeutsche Bauern besiedelten zwischen 1763 und 1767 auf Einladung Katharinas der Großen die untere Wolga, seit Mitte des 19. Jahrhunderts zogen Auswanderer aus ganz Europa nach Amerika – warum nun nicht mal von Deutschland nach Finnland, genug Platz haben die ja: »Meine Tochter soll es besser haben als ich, sie wird wissen, wie man Integralgleichungen löst.«

Niemand kann toller rechnen und lesen als Finnland: Da steht es nun, ganz vorne, ein Land, das nicht viel mehr zu bieten hat als eine nach logopädischem Therapiebedarf klingende Sprache mit fünfzehn Fällen, einen sehr langen, dunklen Winter, einen Sommer mit mehr Mücken als Sternen, rund 5,2 Millionen Menschen, von denen die gefühlte Hälfte bei oder für Nokia arbeitet – und eben eine Eins plus in Mathe und in Lesen. Das alles reicht, um Finnland ein bisschen komisch zu finden, aber nun klopfen ihm auch noch andauernd öffentliche Oberlehrer auf der Schulter herum: »Guckt euch Finnland an, wie schön es seine Hausaufgaben macht, und nehmt euch ein Beispiel!« Und plötzlich findet man Finnland nicht nur komisch, sondern blöd: »Pah, wer will schon so sein wie Finnland mit seiner dreistelligen Ländervorwahl? 15,5 Einwohner pro Quadratkilometer – kein Wunder, dass die am besten rechnen und lesen können: Wer drei Stunden bis zur nächsten Party braucht, hat halt nichts Besseres zu tun. Da geht doch keiner freiwillig hin, man braucht sich nur den Ausländeranteil anzuschauen: zwei Prozent, damit kann ja jeder PISA gewinnen!«

Was haben die jungen Finnen eigentlich davon, dass sie so prima rechnen und lesen können? Die Arbeitslosenquote unter finnischen Jugendlichen ist mit knapp 22 Prozent eine der höchsten Europas, ebenso wie die Rate jugendlicher Selbstmorde. In keinem anderen europäischen Land fangen Teenies früher an zu rauchen und zu trinken. Sie rauchen und trinken zwar nicht mehr als andere junge Leute, aber wenn, dann richtig, so eine Studie. Die nächste Party ist eben meistens drei Stunden weit weg, und wenn sich dann mal eine Party zu ihnen verirrt, dann heißt es saufen, was das Zeug hält: Die Finnen bekommen so oft gesagt, wie schlau sie sind, dass sie wohl denken, ein paar graue Zellen weniger fallen da nicht weiter ins Gewicht. Schon mal zu Hause mit dem gemeinsamen Betrinken anzufangen, bevor das teure Bier in einer Kneipe noch teurer bezahlt werden muss, nennt man »ottaa pohjia« (frei übersetzt: Grundlage antrinken). Ein anderer Brauch geht so: Die Mädchen spazieren die Straße auf und ab, und die Jungs fahren in Ami-Schlitten auf und ab, bis ein Mädchen mit einem Jungen zusammen irgendwo anders hinfährt. Der Spaß hat einen Namen: »pillu ralli«. Was »pillu« heißt, verrate ich nicht.

Angesichts dieser finnischen Eigenarten verspüre ich eine gewisse Unfähigkeit, mich von PISA beeindrucken zu lassen: Man sollte eine Studie in Auftrag geben, die emotionale und soziale Kompetenzen misst. Falls dabei herauskommt, dass die finnische Jugend die netteste und glücklichste weltweit ist, werde ich »Oh!« und »Ah!« rufen. Und nie wieder was Schlechtes über Finnland sagen.

Abschied von Mürlenbach

Kinderbesuch, zwei Schwestern aus der Nachbarschaft. Ich: am Herd. Meine Kinder: spielen oben. Die Schwestern: kugeln eng umschlungen unter dem Tisch herum und geben hochfrequente Laute von sich. »Na, ihr«, sage ich, im Gesicht das halbgare Lächeln einer kinderfreundlichen Erwachsenen, die sehr gerne in Ruhe Kartoffeln schälen und Radio hören würde. »Was macht ihr denn da?« Kurzes Innehalten, die Ältere: »Wir spielen sich paarende Vogelspinnen.« Meine Tochter spielt am liebsten Prinzessin. Aber weil sie eine kleine Schwester ist, fügt sie sich meist den Phantasien des großen Bruders: Die kreisen (noch) eher selten um in Pink gehüllte Jungfrauen, sodass ihr nichts anderes übrig bleibt, als sich in eine »Affenmutter« zu verwandeln oder in den »Hund des tapfersten Ritters der Welt«.

Meine Lieblingsrolle war die der Ballerina: In einem alten Unterrock hopste ich zu den körnigen Klängen einer zu oft mit stumpfer Nadel abgespielten Schlagerplatte durchs Zimmer, die Schreibtischlampe war der Scheinwerfer, die Stofftiere das Publikum. Noch inbrünstiger gab ich mich der Wasserakrobatik hin: In öffentlichen Bädern probte ich den perfekten Unterwasserhandstand, die elegante Aquarolle – und verschwendete keinen Gedanken darauf, was für einen Eindruck ein pummeliges, x-beiniges Mädchen, das sich im Nichtschwimmerbecken ein Ich als elfengleiche Nixe erschafft, auf Außenstehende macht.

Mein Sohn, meine Tochter und ihre Freunde benutzen die gleiche einsilbige Zauberformel, mit der schon ich mir als Kind fremde Identitäten angeeignet habe, das Wort »wohl«: »Ich bin jetzt wohl ein böser König, du bist wohl meine Gefangene, und ich stecke dich jetzt wohl in den dunkelsten Kerker, den ich habe.« – »Aber ich schaffe es wohl, auszubrechen.« – »Das schaffst du wohl gar nicht!« Und so wie mir wird ihnen die Magie dieses Wortes eines Tages abhanden kommen und zugleich der Glaube daran, dass wir jederzeit jemand anderes sein können, als wir sind. Das nennt man dann: Beginn der Adoleszenz.

Mir ist der Glaube im Eifeldorf Mürlenbach verloren gegangen, wo wir die Ferien verbrachten. Als wir abreisten, saß ich zwischen meinen beiden älteren Schwestern auf der Rückbank unseres Opel-Kadetts und fühlte, dass mehr vorbei war als ein Sommerurlaub. Das hatte etwas damit zu tun, dass mir zwei Abende vorher vom Balkon der Ferienwohnung ein Kaminscheit heruntergefallen war, der nur knapp neben dem Kinderwagen aufprallte, der auf der Terrasse stand – darin das Kind eines Paares, das unter uns urlaubte. Wieder und wieder malte ich mir aus, wie der Scheit auf dem Säuglingskopf gelandet wäre, und wusste: Da hätte kein »Ich bin wohl eine Wasserprimaballerina!« geholfen. Die Wahrheit war: Ich war eine gemeingefährlich tollpatschige Zwölfjährige. Ich starrte auf die Eifellandschaft, sie sah anders aus als bei unserer Ankunft: eindimensional. Mein Gefühl glich einer Stimmung, die ich erst sehr viel später wieder empfand: jene staubtrockene Traurigkeit, die einen überkommt, wenn man nach einem Rausch merkt, dass man nüchtern ist. Dass es viele Rollen gibt. Aber nur ein Leben.

Im Club der Hässlichen ist auch nicht alles schön

Neulich habe ich den »Club der Hässlichen« besucht. Der »Club der Hässlichen« ist die Erfindung eines Hamburger Ehepaares. Beide wurden in ihrer Kindheit und Jugend wegen ihres Äußeren gehänselt, halten sich bis heute für hässlich, haben aber gelernt, trotzdem selbstbewusst und glücklich zu sein. Die Gründung des Clubs ist ein Zeichen, aus dem eines Tages eine Bewegung werden soll, ein Aufstand der Nichtschönen gegen die Diktatur der normierten Schönheit. »Wir sagen es laut: Wir sind hässlich, und wir sind viele. Es ist ein Unrecht, dass die Welt von der Schönheit regiert wird«, heißt es im Gründungsmanifest. Jeder, der sich »für ein Leben jenseits der Oberfläche« engagieren will, ist eingeladen, den Club zu besuchen. Der Club findet alle paar Wochen statt, in einer Hamburger Szene-Bar: tiefgründige Menschen in großstädtischer Verpackung, mit denen man gegen die zunehmende Heidiklumisierung wettern kann, ohne den Bauch einziehen zu müssen. Klingt super, da bin ich dafür, da geh ich hin. Aber mit wem?

Ich rufe Betsi an. »Gehst du mit in den Club der Hässlichen?« – »Wieso fragst du ausgerechnet mich?«, sagt Betsi – »Kommst du mit in den Club der Hässlichen?«, frage ich meinen Mann. – »Nö. Was soll ich da?«, sagt mein Mann. »Ich bin nicht hässlich.« – »Gehst du mit mir in den Club der Hässlichen? Mal sehen, vielleicht schreibe ich was drüber«, frage ich eine Kollegin. »Warum nicht?«, sagt die Kollegin. Aber wie macht man sich zurecht, wenn man in den Club der Hässlichen geht?

In einem Rock mit hohen Absätzen sähe ich entweder a) gut aus oder b) wie eine Frau, die gerne gut aussehen möchte. Dass ich mir in meinem Leben nie sicher war, ob a) oder b) zutrifft, ist der Grund dafür, warum ich mit dem Club sympathisiere: Ich bin weder hässlich noch schön, alles andere ist ungewiss, also habe ich mir angewöhnt, mein Leben auf ein sichereres Fundament als das Aussehen zu gründen: auf innere Werte.

Wie auch immer. Sowohl a) (gut) als auch b) (möchtegerngut) scheinen unpassend im Club der Hässlichen, nachher hält man mich für eine Partymotto-Boykotteurin oder, schlimmer, für eine Tiefstaplerin: Womöglich laufen da Menschen herum, die zu Recht glauben, sie seien das Gegenteil von schön, und die stürze ich dann ebenso in Verzweiflung, wie mich Frauen in Verzweiflung stürzen, die behaupten, bei ihnen sähe es »gerade echt total unmöglich aus, guck bloß nicht so genau hin«, und wenn man dann endlich ihre Küche betreten darf, liegen da ein Krümel, ein Brotmesser und eine Zeitung herum, man denkt an seine eigene Wohnung und fühlt sich elend. Ich ziehe weite Jeans an, flache Stiefel, irgendein Oberteil. »Wie sehe ich aus?«, frage ich meinen Mann. »Gut«, sagt mein Mann.

Es macht wenig Spaß, auf einer Party zu stehen und zu denken, dass alle anderen besser aussehen als man selbst. Aber bringt es Spaß, zu denken, dass man zu gut aussieht? Das wäre eine völlig neue Erfahrung. Vielleicht gehe ich nur deshalb zu den Hässlichen, um wenigstens einmal im Leben die Schönste zu sein. Falls das stimmt, erschrecke ich, müsste ich mir unsympathisch sein.

Ich war nicht die Schönste. Weil die anderen Club-Besucher zwar nicht schön, aber genauso wenig hässlich waren wie ich. Eine gute Party war es auch nicht: Die Gäste standen herum und sahen aus wie ganz normale Leute, die zu viel grübeln.

Starten und Landen

Zu jedem Urlaub gehören zwei heikle Phasen: der Start und die Landung. Was dazwischen liegt, ist herrlich – und lohnt darum jeden erdenklichen emotionalen und praktischen Aufwand. Der ist bei mir allerdings beträchtlich.

Die Startphase: Vor dem Urlaub hat der Urlaub noch nicht begonnen, also habe ich eigentlich keine Zeit, um all das zu erledigen, was vorher erledigt werden muss – ein Missverhältnis, das mich schnell aus dem seelischen Gleichgewicht bringt. Wenn wir am Tag X endlich alle startbereit auf den Koffern sitzen, fällt meinem Mann unter Garantie ein, dass er irgendetwas Dringendes vergessen hat – das Geburtstagspäckchen für sein Patenkind abzuschicken zum Beispiel. Bis er das »noch schnell« erledigt hat, ist eine Stunde vergangen, die Kinder haben inzwischen den gesamten Reiseproviant aufgegessen, und ich beschließe, mich scheiden zu lassen. Nun gut. Spätestens wenn wir einen halben Tag später dort angekommen sind, wo wir hinwollen, ist mein Zorn verraucht, und ich habe eine oder drei Wochen Zeit, das mit der Scheidung noch einmal in Ruhe zu überdenken.

Die Landephase: Sobald unser Auto oder das Taxi, das uns vom Flughafen nach Hause bringt, in unsere Straße einbiegt, greift eine kalte Hand nach meinem eigentlich rundum erholten, eine Scheidung nicht mehr in Erwägung ziehenden Herzen. Ich werde sehr still, ich muss meine Kräfte sammeln, damit mich das Schreckliche – falls es über mich und mein Haus gekommen ist, während ich nichts ahnend am Strand oder auf Bergwiesen herumlümmelte – nicht sofort aus den Latschen haut. Man kann ja nie wissen, was zu Hause alles geschieht, während man weg ist, es gibt da vielfältige Möglichkeiten, die ich erfolgreich verdränge, solange der Urlaub währt. »Ah, das Haus steht noch!«, denke ich, sobald ich sein Dach erspähe. Es ist nicht abgebrannt. Kein Blindgänger aus dem Zweiten Weltkrieg ist in unserem Garten detoniert, und auch in diesem Sommer scheint Norddeutschland von Tornados und Erdbeben verschont worden zu sein. Das ist ja schon mal was.

Ich steige aus dem Auto. Die Haustür ist nicht aufgebrochen. Puh. Ich drehe den Haustürschlüssel um, renne in die Küche, auch die Terrassentür ist unversehrt, Gott sei Dank! Der Fernseher steht da, wo er zu stehen hat, ich drücke den Ein-Schalter, er geht an, nicht mal ein kleiner Blitz hat eingeschlagen (ich sollte wirklich mal auf meinen Vater hören und alle Stecker herausziehen, bevor wir verreisen, dann könnte ich mir diesen Punkt sparen). Ich fühle mich schon besser, gewappnet für den bedrohlichsten Teil meiner rituellen Ist-zu-Hause-auch-wirklich-nichts-Schlimmes-passiert?-Tour, die ich bei jeder Rückkehr aus dem Urlaub zelebrieren muss und die ich umso mehr fürchte, je länger wir weg waren: die Post.

Der Briefkasten ist ja der Schwachpunkt eines jeden Haushaltes. Durch den Briefkasten kann täglich Unheil sickern, und wenn man drei Wochen nicht zu Hause war, kann es also sein, dass es 21 Tage so vor sich hin gesickert hat und nun eine ganze Flutwelle darauf wartet, mich und mein schönes Leben zu ruinieren: ein Schreiben vom Finanzamt, das 200000 Euro Steuernachzahlungen einfordert. VISA-Card-Abrechnungen über längst vergessene, zügellose Einkäufe. Eine Anklageschrift der Staatsanwaltschaft, die mein Telefon abgehört hat und mich nach dem letzten fernmündlichen Gespräch mit Betsi zum Thema »Kinderbetreuung« bezichtigt, die Bildung einer terroristischen Vereinigung zu planen. Alles scheint möglich.

Ich sehe hastig den dicken Stapel Briefe durch, den einen oder anderen Umschlag reiße ich auf: Nichts von dem Befürchteten ist eingetreten, Landung erfolgreich absolviert, mir wird wieder warm uns Herz. Ich lasse mich auf einen Stuhl fallen und rufe: »Mensch, ist das nicht herrlich, wieder zu Hause zu sein?«

Wo soll er denn sonst hin?

Ich fahre mit meinem Sohn im Bus. Mit uns fahren zahlreiche fremdländisch aussehende Mitbürgerinnen und Mitbürger. Mein Sohn baumelt mit den Beinen, mein Sohn sieht sich um, mein Sohn hebt an und spricht: »Warum gibt es hier so viele Undeutsche?«

Ich sage: »Äh. Das sagt man nicht.« Mein Sohn: »Warum nicht?« Ich: »Das klingt unfreundlich.« Mein Sohn: »Warum?« Ich: »Weil. Ja, weil ...« Ich versinke kurz in verzweifeltes Grübeln über die Feinheiten meiner Muttersprache und die Last der jüngeren deutschen Geschichte, die ihren Schatten bis hier in diesen Bus wirft. »Also. Man sagt Ausländer, weil sie aus einem anderen Land, dem Ausland, kommen. Aber nicht alle, die anders aussehen als du, sind automatisch Ausländer.« Mein blonder, blauäugiger Sohn zeigt mit dem Finger auf einen Schwarzen: »Aber der da, der kommt bestimmt aus Afrika.«

»Äh«, sage ich. Ich sage: »Kann sein. Nein, also, kann sein, dass er aus Afrika ist, aber im Paket ist er ganz sicher nicht gekommen. Vielleicht ist er auch Deutscher. Und übrigens zeigt man nicht mit dem Finger auf andere Menschen, das magst du auch nicht, wenn andere das mit dir machen.« Mein Sohn hält seinen Finger fest: »Warum ist der nicht mehr in Afrika?« Ich sage: »In Afrika gibt es Krieg, viele Menschen sind sehr,

sehr arm, auch Kinder haben nicht genug zu essen, und wenn sie krank sind, gibt es keine Medizin. Vielleicht ist der Mann deshalb nach Deutschland gekommen.« Mein Sohn nickt dem Schwarzen freundlich zu. Wahrscheinlich lädt er ihn gleich zum Kaffeetrinken zu uns nach Hause ein.

Wir steigen aus dem Bus. Wir gehen über die Straße, wir laufen die Treppe zur S-Bahn hinauf. Der Schwarze auch. Er wartet mit uns auf dem Bahnsteig. Zwei Polizisten steuern auf ihn zu. Sie wollen seinen Pass sehen, die Aufenthaltsgenehmigung. Der Schwarze gestikuliert, er erfindet Ausreden in gebrochenem Englisch, Schweiß steht auf seiner Stirn, ich halte meinen Sohn an der Hand. Mein Sohn reißt Augen und Mund sehr weit auf. Der Schwarze stürmt plötzlich zur Treppe, er schubst meinen Sohn aus dem Weg, die Polizisten schreien »Halt!«, nehmen die Verfolgung auf. Meinem Sohn fallen gleich die Augen aus dem Kopf. Der Mund steht jetzt sperrangelweit auf. Mein Sohn fragt: »Hat der was Böses getan?«

»Äh«, sage ich. Ich sage: »Nein, nicht wirklich, also, wahrscheinlich hat er keine Erlaubnis, hier in Deutschland zu sein. Die meisten Ausländer brauchen so eine Erlaubnis, um hier leben zu dürfen.« – »Warum? Wo soll er denn sonst hin, wenn in Afrika Krieg ist und die Kinder verhungern?« – Ich sage: »Nun. Es gibt so viele arme Menschen auf der Welt, die in Deutschland leben wollen: Es ist nicht für alle Platz hier.« Mein Sohn schweigt, mein Sohn guckt betrübt, mein Sohn spricht: »Ich glaube, ich will doch nicht Polizist werden.«

Wie kritisiert man einen Mann?

Ich würde es so ausdrücken: Es kommt vor, dass ich meinem Mann mitteilen möchte, dass mich etwas an ihm stört. Ziel solcher Mitteilungen ist es, seinerseits eine Bewusstseins- und daraus folgend eine Verhaltensänderung zu bewirken, um so unser eheliches Zusammenleben zu harmonisieren. Mein Mann drückt es so aus: »Andauernd hast du was zu meckern.«

Gar nicht wahr. Wahr ist, dass mein Mann es schlecht verträgt, wenn ich ihn kritisiere. (Der Ausgewogenheit halber weise ich darauf hin, dass mein Mann von mir dasselbe behauptet. Egal.) Wenn ich ihn kritisiere, muss ich das sehr behutsam tun. Ich darf dabei weder zu unsachlich werden (»Schrei hier nicht so rum!«) noch zu sachlich (»Du hörst dich an wie 'ne Pastorin«): Ich muss mein Anliegen inhaltlich sachlich rüberbringen, das inhaltlich Sachliche aber mit einer Prise formaler Unsachlichkeit würzen, um ihm den emotionalen Nachdruck zu verleihen, der nötig ist, damit mein Mann mich ernst nimmt. Diese Gratwanderung gelingt mir selten, weshalb wir uns regelmäßig darüber streiten, wie man richtig streitet: »Wie, bitteschön, willst du kritisiert werden?« – »Am besten gar nicht«, sagt mein Mann.

Den letzten Streit hatten wir letzten Sonntag. Mein Mann hat ein neues Hobby, das freut mich grundsätzlich sehr, denn ein Mann mit Hobby ist ein ausgeglichener Mann. Meine grundsätzliche Freude schwand allerdings im Laufe des Sonntagvormittages, den mein Mann unverdrossen ausgeglichen dem neuen Hobby widmete, während ich die Kinder aus den Betten und in die Klamotten jagte, Frühstück machte, die Spülmaschine ausräumte, eine Ladung Wäsche aufhängte und zehn Quadratmeter Unkraut rupfte. Ich, unsachlich: »Kannst du vielleicht auch mal was tun, statt dich vier Stunden um dich selbst zu kümmern?« Er: »Kann ich nicht mal eine Stunde Ruhe haben, ohne dass du meckerst?« Wir diskutierten überaus engagiert unsere Lieblingsthemen: die »gefühlte« und »gemessene« Zeit und die Frage, wessen Leben anstrengender ist. »Opferkonkurrenz« nennen Psychologen das, wir sind in dieser Disziplin eiskalte Rivalen.

Der Streit endete unentschieden. Ich: »Gib wenigstens zu, dass das daneben war.« Er: »Nichts gebe ich zu, du gibst auch nie was zu.« – »Stimmt gar nicht. Ich entschuldige mich viel öfter als du.« – »Das nun schon wieder«, sagt mein Mann.

Vor Jahren hängte er nach einem ähnlichen Disput einen Zettel in der Küche auf, auf dem er unter der Überschrift »So oft entschuldige ich mich bei meiner Ehefrau« eine Strichliste eröffnete. Um die Statistik zu schönen, begann er, sich für verspätet gereichte Marmeladengläser, von ihm zerknitterte Tageszeitungen und schief geknöpfte Kinderjacken blumig zu entschuldigen, bis ich nicht mehr aufhören konnte zu lachen, bereitwillig schwor, dass ein devoter Ehemann noch unerträglicher sei als ein dickköpfiger, und ihn anflehte, wieder ganz der Alte zu werden, also einer, der, wenn überhaupt, nur unter der Last einer lückenlosen Indizienlage bereit ist, zu gestehen. Obwohl es noch allerlei zu sagen gäbe zu diesem Thema, darf ich leider nicht mehr weiterschreiben, mein Platz ist verbraucht, und den letzten Satz darf der Angeklagte in die Tasten hauen: ES WAREN HÖCHSTENS EINE STUNDE UND FÜNFZEHN MINUTEN. AUSSERDEM KAUFE ICH IMMER EIN.

Das erste Mal

Zweimal jährlich fahre ich zu Ikea, um eine Kofferraumladung Kerzen zu kaufen. Ich fahre fast immer alleine: Meinem Mann schlägt die Ikea-Haushaltswarenabteilung aufs Gemüt. »Guck mal da«, raunt er melancholisch, wenn er zwischen Teller- und Schüssel-Bergen junge Paare oder WG-Freundinnen sieht: »Die kaufen ihr erstes Geschirr.«

Ich versuche seine Wehmut zu dämpfen, indem ich darlege, dass das Rosenthal-Service, von dem ich seit meinem 35. Geburtstag sechs Tassen, sechs Teller und ein Milchkännchen besitze, doch auch etwas Feines sei. Mein Mann gibt sich unbeeindruckt. Sehnsüchtig blickt er den Twens und ihren Starterpacks hinterher und beschwört Erinnerungen: an damals, als zwei Drittel seines ersten Geschirrs bei der ersten Party in seiner ersten eigenen Wohnung zu Bruch gingen, was nebensächlich war, weil er, der Student im ersten Semester, mich an diesem Abend das erste Mal küsste. »Pah«, sagt er, »dieser Designscheiß ist doch nur Ersatzbefriedigung.« – »Sei froh, dass ich meine Sehnsucht nach Neuem mit dem Sammeln von hochwertiger Keramikware stille!«, entgegne ich. »Andere Frauen in meinem Alter haben sich längst den ersten Liebhaber zugelegt.«

Man kann das Leben, wenn man in der passenden Stimmung ist und auf keinen Fall gute Laune bekommen möchte, als eine Abfolge von unwiederbringlichen ersten Malen beschreiben. Eine Zeit lang geht es steil bergauf: Das erste Lächeln. Der erste Schritt. Das erste Fahrrad. Das erste Konzert. Das erste Mal. Der erste Urlaub ohne Eltern. Die erste große Liebe. Die erste eigene Wohnung. Der erste Job. Die erste Ehe. Das erste Kind. Die erste Einbauküche. Irgendwo um diesen Punkt herum erreicht man den Gipfel, die so genannten besten Jahre. Wenn man das Glück hat, etwas Geld über zu haben, wird man sich eine Weile auf einem Plateau halten können, indem man sich zwischen dreißig und vierzig in Hochglanzmagazinen beworbene erste Male erkauft: den ersten Pradafummel im Leben, den ersten Karibik-Urlaub, den ersten original Bauhaus-Sessel usw.

Wenn irgendwann die ganze Wohnung mit Designklassikern voll steht, setzt die Talfahrt ein. Einem wird klar, dass Quantität und Qualität der nun mit statistisch gesehen hoher Wahrscheinlichkeit anstehenden ersten Male rapide abnehmen: Die ersten Falten. Das erste Esoterikseminar. Die erste Scheidung. Die ersten Knieprobleme. Die erste Rente. Die ersten dritten Zähne. Der erste Herzinfarkt. Das erste Essen auf Rädern. Das darf natürlich unmöglich alles sein, was uns in der zweiten Lebenshälfte erwartet. Fazit: Es besteht dringender Lebensgestaltungsbedarf.

Meine Pläne stehen fest: Bis ich vierzig bin, komplettiere ich mein neues Geschirr und begnüge mich damit, von den ersten Malen meiner Kinder zu zehren: Den ersten Schultag meines Sohnes fand ich mindestens so aufregend wie meinen eigenen. Danach werde ich endlich Russisch lernen, einen Salon gründen, Tee in Rosenthal-Tassen servieren, Mäzenin eines russischen Jung-Schriftstellers werden und ihn in seiner Einsiedelei am Baikalsee besuchen. Gemeinsam mit meinem Mann natürlich. Das Leben kann so wunderbar sein.

Los, bring mir mal die Ohren!

Die jungen Frauen heutzutage sind nicht dumm, sie haben oft genug gehört, was das Glück, ein Kind zu haben, sie kosten wird. Es kostet Schlaf, Zeit, Geld, Nerven, Unabhängigkeit, vielleicht die Karriere. Was ihnen aber niemand sagt – also sage ich es, denn es ist angesichts der gegenwärtigen, federführend von Männern betriebenen nationalen Gebärkampagne wichtig, alle Facetten des Mutterseins ungeschönt zu offenbaren –, ist dies: 1.) Es kommt der Tag, an dem das Kind ein Elefantenkostüm braucht. 2.) Es wird höchstwahrscheinlich weder der Herr Vater noch der Herr Schirrmacher sein, der das Kostüm bastelt.

Mein Mann und ich teilen uns familiäre Rechte und Pflichten. Wenn es um Elefantenkostüme geht, sieht die Verteilung so aus: »Wir müssen noch ein Elefantenkostüm basteln!« Mein Mann: »Wir müssen mal die Schaukel abbauen!« Ich: »Aber du besorgst graue Pappe.« Während mein Mann die Schaukel abbaute, saß ich am Gartentisch: Ich klebte graue Pappe auf vier Klopapierrollen, ich verband die Rollen mit Draht, ich drückte meinem Sohn die aneinander befestigten Rollen auf die Nase, die erste Rolle stand rechtwinkelig ab, die anderen beschrieben einen sanften Bogen, wobei die letzte Rolle leicht nach unten zeigte. Mein Sohn: »Wie sehe ich aus?« Ich: »Schon ganz gut.« Zu einem Achtjährigen kann man schlecht sagen: »Als hättest du einen halb erigierten Elefantenpenis im Gesicht.«

Ich rief meinen Mann: »Guck mal, der steht so ab.« Mein Mann: »Du musst ihn schräg anschneiden!« Mein Mann beschnitt das Unanständige, so dass daraus etwas anständig Hängendes wurde. »Jetzt die Stoßzähne«, sagte mein Sohn. »Stoßzähne?«, sagte ich. »Von Stoßzähnen war nie die Rede.« Ich schnitt Stoßzähne aus: »Und wo mache ich die fest? So?« Mein Mann: »Nee, so!« Ich: »Hier?« Mein Mann: »Weiter da! Hast du noch nie Stoßzähne gesehen?« Ich: »Mach du doch die Stoßzähne!« Mein Mann: »Ich muss die Schaukel weiter abbauen.«

Nachdem ich die Stoßzähne an den Rüssel angetackert und am Rüssel ein Gummiband befestigt hatte, setzte mein Sohn den Rüssel auf. »Das pikst«, sagte mein Sohn. »Das geht gar nicht!« – »Und wie das geht«, sagte ich. »Das ist ein Papprüssel, keine orthopädische Nasenprothese.« Ich holte Watte und polsterte den Rüssel. »Jetzt die Ohren«, sagte mein Sohn. »Wie sehen Elefantenohren aus?«, sagte ich. »Hol mal dein Lexikon.« – »Aber ich muss Papa bei der Schaukel helfen.« – »Herrje«, sagte ich. »Wer braucht hier eigentlich Ohren, du oder ich?« Mein Sohn holte das Lexikon. Ich schnitt Ohren aus, setzte meinem Sohn eine Schirmmütze auf und hielt die Ohren an die Mütze. »Frag Papa mal, wie die Ohren sitzen müssen«, sagte ich.

Mein Sohn ging zu meinem Mann, mein Mann rückte die Ohren zurecht, dann baute er weiter die

Schaukel ab, mein Sohn half ihm. Ich: »Komm! Ich muss die Ohren festmachen!« Mein Mann: »Los, bring Mama mal die Ohren.« Ich tackerte die Ohren an die Mütze: »Probier mal.« – »Gleich«, sagte mein Sohn und rannte weg. »Ich muss Papa helfen!«

Ich setzte die Mütze und den Rüssel auf, um mich im Spiegel anzuschauen. Ich sah aus wie ein Elefant. Ich war sehr stolz auf mich. Mit der Ohrenmütze auf dem Kopf und dem Papprüssel auf der Nase ging ich wieder nach draußen und trötete vergnügt. Auf der Terrasse stand der Nachbar.

Schlank lachen

Viele Menschen nehmen umso mehr zu, je älter sie werden. Manche Frau erreicht nach einer Schwangerschaft nie wieder ihr früheres Gewicht. Und die US-Amerikaner zeigen uns, wie es aussieht, wenn ein ganzes Volk immer dicker wird. Lange glaubte ich, jede dieser Bevölkerungsgruppen habe ihre eigenen Gründe, zuzunehmen: schwindende Muskelmasse die einen, hormonelle Veränderungen die anderen, XXL-King-Size-Super-Maxi-Menus die dritten. Erst vor Kurzem wurde mir klar, welche Gemeinsamkeit es ist, die Alte, Mütter und Amerikaner miteinander ins Übergewicht treibt: Sie haben wenig zu lachen.

Älterwerden lohnt sich heutzutage nicht mehr richtig, denn schon längst wird es nicht mehr mit proportional zu den absolvierten Lebensjahren wachsendem Respekt vergolten. Muttersein ist in einem Staat, dessen Familienpolitik auf dem Frauenbild eines untergegangenen Tausendjährigen Reiches fußt, auch kein Zuckerschlecken. Und Ami-Sein wird heutzutage nur noch inklusive globalem Verfolgungswahn angeboten. Das alles ist alles andere als witzig und darum ein Grund, dick zu werden.

Transatlantische Ernährungsforscher haben nämlich herausgefunden, dass der Körper beim Lachen eine nicht unbeträchtliche Menge von Kalorien verbrennt. Schlussfolgerung: Wer wenig zu lachen hat, bringt sich um eine herzerfrischende Idealdiät – wer gar nichts zu lachen hat, nimmt zu. Zwar passt diese Theorie nicht zu meinem Eindruck, dass es viele Mollige mit extrem heiterem Gemüt gibt und mindestens genauso viele völlig unlustige Dünne. Aber das ist eine subjektive, dem strengen Anspruch der Wissenschaft nicht standhaltende Beobachtung. Ich beuge mich also den Forschungsergebnissen der Experten aus Nashville, Tennessee: Zehn bis fünfzehn Minuten Lachkrampf täglich sollen reichen, um viereinhalb Pfunde abzuschütteln. Im Jahr.

Obgleich man meinen sollte, dass gerade dieser Personenkreis vor lauter Heilsgewissheit nicht mehr aus dem Lachen herauskommt, werden auch die Anhänger der christlich-fundamentalistischen amerikanischen Rechten immer dicker. Dass Fettleibigkeit ein großflächiges, aber nicht sehr ansprechendes Werbemittel für die Frohe Botschaft bietet, spricht sich nun in der Szene zunehmend herum: »Wenn du die Welt auf Jesus aufmerksam machen willst, ist es hilfreich, so auszusehen und zu leben wie Jesus.«

Jesus hatte, wie jeder Kruzifix-Betrachter weiß, keine Gewichtsprobleme, im Gegenteil: Ein bisschen mehr Speck auf den Rippen hätte ihm ganz gut getan. Wer ihm nacheifern möchte, dem empfiehlt ein Buch mit dem unübersetzbaren Titel »The What Would Jesus Eat Cook Book« eine »Jesus-Diät«, die sich an den aramäischen Essgewohnheiten im Jahre null und an den Empfehlungen der BRIGITTE orientiert: viel Wasser,

Obst und Gemüse, Hülsenfrüchte, manchmal Fisch, selten Fleisch, stets in Ruhe und im Kreis der Freunde oder Familie genossen, schon sind Seele und Körper auf dem rechten Weg. Was würde Jesus wohl dazu sagen, dass man ihn zu einem Quasi-Co-Kochbuchautor macht? Ich glaube: Er würde schallend lachen.

Madonna und die Neigung zu halterlosem Strumpf-Sex

Als mein Sohn zur Schule kam, glaubte ich, ihn alsbald in Astrid Lindgren und Erich Kästner vertieft auf seinem Bett finden zu dürfen. Stattdessen verschlingt er »Micky Maus«-Bücher und die *Gala*. Ich sammle derweil die Kinderbuch-Edition der *Süddeutschen Zeitung*, lese Abend für Abend daraus vor – und hoffe, dass es sich bei »Micky Maus« und *Gala* nur um Symptome einer neuen, vorübergehenden Entwicklungsphase handelt.

Neulich betrachtete mein Sohn in der *Gala* erst Madonna und dann mich: »Wie alt ist die?« – »Lies selbst«, sagte ich. »Dafür gehst du in die Schule.« – »Siebenundvierzig«, sagte mein Sohn nach fünf Minuten. »Ist 47 weniger als 35?« – »Mein Gott, du bist in der Zweiten, nun denk mal nach!« – »Aber du bist doch älter als die, oder?« – »Ich bin zwölf Jahre jünger als diese tiefgefrorene Kabbala-Androidin mit der ABBA-Perücke und dem pinken Ganzkörperkondom, es ist einfach so, dass ich Besseres zu tun habe, als mich täglich drei Stunden von einem Ashtanga-Yogi foltern zu lassen, und nun iss dein Brot, trink deine Milch und sei dankbar, dass du eine normale Mutter hast.« Mein Sohn: »Wie siehst du aus, wenn du 47 bist?« – »Keine Sorge, du wirst mich erkennen«, sagte ich. Zum Glück war ich zwei Tage später auf einer Party eingeladen, die jugendlich zu werden versprach.

Als der Abend da war, an dem die Party stattfand, hatte ich gar keine Lust auf Party. Leider fühlte ich mich zu erwachsen, um einfach zu Hause zu bleiben: Leute, die ohne guten Grund doch nicht kommen, obwohl sie gesagt haben, dass sie kommen, konnte ich schon mit neunzehn nicht leiden, seit ich die Dreißig überschritten habe, halte ich Unverbindlichkeit für eine böse Charakterschwäche. Eine Frau steht zu ihrem Wort, also stand ich irgendwann in einer Küchenecke und knabberte an Saté-Spießen herum. Eine sehr junge Frau stellte sich neben mich: »Auch nicht in Feierlaune?« – »Na ja«, sagte ich, »die Saté-Spieße sind jedenfalls sehr lecker.« – »Ich krieg nichts runter«, sagte die sehr junge Frau. »Beziehungsstress.«

Die sehr junge Frau war Studentin und hatte einen neuen Freund. Der neue Freund stand auf halterlose Strümpfe. Zuerst hatte es gereicht, dass sie ihn dann und wann mit halterlosen Strümpfen von H&M an den Beinen überraschte. Dann hatte er gestanden, dass die Strümpfe unbedingt schwarz und von Wolford sein müssten, um ihm so richtig Freude zu machen – und ob sie sie nicht bitte ständig tragen könnte? Die junge Frau lehnte es ab, ständig schwarze, halterlose Wolford-Strümpfe zu tragen, zumal sie am liebsten in Turnschuhen herumlief und ein Wolford-Strumpf-Abo eindeutig ihr Haushaltsbudget überschritt. Da begann ihr neuer Freund, die Wolford-Strümpfe selbst zu kaufen und sie ihr abends auf das

Kopfkissen zu legen: »Immer wenn ich aus dem Bad komme, liegt da dieses schwarze Häufchen auf dem Bett und daneben mein Freund mit Dackelblick. Da vergeht einem alles!« – »Sag ihm, dass du keine Lust auf halterlosen Strumpf-Sex hast, und schon mal gar nicht, wenn er dich dazu drängt.« – »Aber er kann nicht mehr ohne!« – »Und du kannst nicht mit«, sagte ich, »also lass es.« – »Aber dann verlässt er mich!« – »Na und?«, sagte ich. »Ein Mann, der nicht kann, wenn du nicht schwarze halterlose Wolford-Strümpfe trägst, ist kein großer Verlust.« – »Aber ich liebe ihn«, sagte die sehr junge Frau.

»Ach. Dann weiß ich auch nicht«, sagte ich. Und dachte: Es ist doch gar nicht schlimm, nicht mehr sehr jung zu sein.

Sparschweine

Mein Mann und ich versuchen uns einmal in der Woche nach der Arbeit in einem Café zu treffen. Wir essen dann Nusskuchen, trinken Cappuccino, unterhalten uns oder lesen in aller Ruhe Zeitung.

Neulich bemerkte ich, dass mein Mann den Wirtschaftsteil las. Mein Mann hat mit Gelddingen nicht viel am Hut, in unserer Bankfiliale weiß niemand, wie er aussieht, Finanzangelegenheiten regele immer ich. »Seit wann interessierst du dich für Wirtschaft?«, fragte ich. Er senkte die Zeitung: »Früher habe ich gedacht, man muss das Feuilleton lesen, um die Welt zu verstehen. Aber das stimmt nicht. Man muss den Wirtschaftsteil lesen.« – »Viel Glück!«, sagte ich. Ich würde die Welt auch gerne verstehen. Aber immer wenn ich denke: »Ach, so ist das!«, denke ich als Nächstes: »Aber das kann doch nicht angehen!«

Zum Beispiel habe ich verstanden, dass an der Börse notierte Unternehmen Mitarbeiter entlassen oder die Produktion nach Osteuropa oder Asien verlagern, um die Kosten zu senken, den Gewinn zu maximieren und so ihren Börsenwert zu steigern. Ich habe verstanden, dass der Börsenwert von Unternehmen steigen muss, weil das die Großaktionäre – die Manager der größten Fonds, die einen Löwenanteil der Aktien dieser Unternehmen halten – verlangen. Ich habe verstanden, dass die Fonds-Manager die Unternehmensvorstände unter Druck setzen, weil sie wollen, dass ihre Fonds Gewinne erzielen. Die Fonds müssen Gewinne erzielen, weil die Anleger sonst keine Fondsanteile mehr kaufen oder bereits gekaufte Anteile abstoßen. Ich habe verstanden, dass es immer mehr Angestellte und Arbeiter sind, die ihr Geld in Fonds anlegen, weil das staatliche Rentensystem nicht mehr trägt und sie private Altersvorsorge betreiben müssen. Das staatliche Rentensystem trägt nicht mehr, weil es immer weniger Beitragszahler gibt. Es gibt immer weniger Beitragszahler, weil es immer weniger Arbeitsplätze gibt und immer mehr Menschen ohne Arbeit und Einkünfte leben müssen. Habe ich das richtig verstanden: Immer mehr Arbeiter und Angestellte werden entlassen, um den Wert jener Aktien zu steigern, die die Arbeiter und Angestellten gekauft haben, mit der Folge, dass das staatliche Rentensystem sich dem endgültigen Zusammenbruch nähert, weswegen diejenigen Arbeiter und Angestellten, die noch Arbeit haben, immer mehr Geld in Wertpapieren anlegen müssen, die aber nur dann Gewinne erzielen, wenn noch mehr Arbeiter und Angestellte entlassen werden? Das kann doch nicht angehen! Warum machen wir das mit? Weil wir nach der Arbeit so gerne im Café sitzen, Kuchen essen, Kaffee trinken und dabei ein bisschen Zeitung lesen, um in aller Ruhe die Welt ein bisschen besser zu verstehen: Um sie zu verändern, dafür sind wir nach der Arbeit zu müde.

Du darfst

Beim Lesen eines Interviews mit einer Schweizer Ethnologin und Putzkulturforscherin blieb ich an diesem Satz hängen: »Wer Männer zum Putzen zwingen will, beraubt sich wertvoller Energie.« Ich dachte: »Wie mag das gehen, Männer zum Putzen zwingen?« Den Mann mit Essigreiniger im Bad einsperren und den Schuhschrank vor die Tür schieben? Den Erziehungsklassiker »Jedes Kind kann Regeln lernen« studieren, »Männer auch!« denken und sagen: »Wenn du die Küche nicht wischst, muss ich das tun – dann habe ich keine Zeit, dir Schweinebraten zu machen.« Mit Fernsehverbot drohen? »Du räumst auf, oder es gibt keine Sportschau.«

Dann dachte ich: »Abgesehen davon, dass es praktisch unmöglich ist, Männer zum Putzen zu zwingen. Außerdem abgesehen davon, dass manche Frau ihren Mann gar nicht zwingen will und muss. Insgesamt abgesehen davon, dass das Thema Hausarbeit ein grandios ödes ist: Eines ist wahr – Zwänge produzieren ungeheuren Energieverlust, egal, ob man andere oder sich selbst zu zwingen versucht.« Anders gesagt: Das Gefühl, etwas tun zu *dürfen*, erzeugt Tatendrang, Ehrgeiz, gute Laune. Das Gefühl, etwas tun zu *müssen*, erzeugt das Gegenteil: Trägheit, Lustlosigkeit, Missmut.

Beispiel Wachwerden: Die ersten Jahre seines Lebens hätte mein Sohn täglich bis acht schlafen dürfen. Stattdessen wachte er jeden Morgen um sechs auf, strotzend vor Energie. Seit er pünktlich in der Schule sein muss, hat sich diese Energie schlagartig verflüchtigt: Morgen für Morgen rüttle ich ihn um sieben aus dem Tiefschlaf. Beispiel Einschlafen: Die Ankündigung »Ihr dürft länger aufbleiben!« setzt bei Kindern gewaltige Energiereserven frei. Wohingegen die an mich gerichtete Forderung »Heute musst du munter bleiben, Claudia und Wolf kommen noch vorbei« prompte Ohnmachtsattacken auslöst. Beispiel Job: Geld verdienen zu müssen fühlt sich nicht halb so großartig an, wie Geld verdienen zu dürfen. Beispiel Sex: Solange sie glauben, ihn endlich haben zu dürfen, können die meisten nicht genug davon bekommen. Schwierig wird es, wenn man beginnt zu meinen, ihn haben zu müssen.

Das Wort »müssen« frisst derart viel Energie, dass es getrost aus umserem Wortschatz gestrichen werden dürfte: Wie viel harmonischer wären unsere Ehen, wenn wir uns samstagmorgens nicht mit »Du weißt, wir müssen heute noch ...« begrüßen würden. Wie viel fröhlicher unsere Kinder, wenn wir sie glauben lassen könnten: »Am Montag darfst du wieder zur Schule!« Wie viel energiegeladener könnten wir im Alltag bestehen, wenn wir so sprechen könnten: »Morgen darf ich um sechs aufstehen, die Kinder wegbringen, ins Büro fahren, dann einkaufen und abends Wäsche legen.« Vielleicht fingen sogar Männer bereitwillig an zu putzen, wenn Frauen nicht so täten, als wäre das eine Höchststrafe: »Heute darfst du mal das Klo säubern!«

Vielleicht also sollten wir uns öfter vorstellen, wie es wäre, nicht müssen zu dürfen: kein Klo zu haben und keinen Mann, keine Kinder, keine Arbeit, keine Verantwortung. Kein Leben. Früher nannte man das Dankbarkeit – ein etwas aus der Mode gekommenes Wort. Warum eigentlich?

Perfekt, Imperfekt

Ich wollte Bratkartoffeln machen. Eigens zu diesem Zweck habe ich neulich eine beschichtete Pfanne gekauft: Ich habe sie nur mit Wasser gereinigt, nie habe ich mit Metallgegenständen in ihr herumgefuhrwerkt. Was war der Dank für so viel Gebrauchsanleitungshörigkeit? Eine blasse Kartoffelpampe und ein verkrusteter Pfannenboden. Bei meiner Mutter hätte die Pfanne noch in zehn Jahren vollendete Bratkartoffeln geliefert, bei mir gibt sie nach sechs Wochen den Geist auf, so wie alles Neue, das ich anfasse, schnell den Zauber der Perfektion verliert – wenn es nicht gleich ganz verloren oder kaputtgeht. Von mir dürfen kommende Generationen keinen Nachschub für Secondhand- und Antiquitätenläden erwarten: Ich vernichte alles.

Ich kaufe Schuhe, nach zwei Tagen prangt ein Kratzer auf der Spitze. Meine neue Sonnenbrille habe ich erst in die Manteltasche gesteckt und dann die Manteltasche in der Haustür eingeklemmt. Ich ziehe irgendwo ein, nach einem Jahr sieht es renovierungsbedürftig aus. Ich lese begeistert ein Buch und weiß eine Woche später nicht mehr, wie die Hauptperson heißt. Ich trage Lippenstift auf, von dem man nach zwanzig Minuten nichts mehr sieht, auf Stöckelschuhen knicke ich mit dem Sektglas in der Hand um, und kein gut aussehender Mann fängt mich auf: Dann lache ich zu laut und schiele verlegen auf meine unbekleckerten, stilsicheren Geschlechtsgenossinnen, von denen man sich unmöglich vorstellen kann, dass sie jemals schwitzen oder menstruieren oder auf der Toilette sitzen – auf diese Sorte Frau, die ohne zu zögern wollweiße Teppiche kauft. Ich will gar nicht immer perfekt sein. Das weiß ja heutzutage jeder, dass dieser Wunsch nur Kummer bereitet. Aber ab und zu mal ein bisschen perfekt, das wäre wunderbar.

Ein anderer, zeitgemäßerer Umgang mit dem Thema wäre es, offensiv imperfekt zu sein. Betsi ist so. Sie steht vor leerem Kühlschrank und mit Breispuren auf der Schulter in einem Mosaik aus voll gesogenen Windeln, entarmten Barbiepuppen und unbezahlten Rechnungen und verkündet munter: »Und? Geht von so was die Welt unter?« Nein, sage ich artig, sie geht nicht unter. Ich wünsche mir von Herzen, ich könnte derart lässig sein.

Fest gewillt, mein Bewusstsein zu verändern, setze ich mich zu Hause aufs Sofa und meditiere den Satz: »In meinem Leben ist nichts perfekt, und das ist in Ordnung so.« Dabei entdecke ich, dass das Bild gegenüber schief hängt: Reflexartig springe ich auf und begradige es, so als handle es sich bei einem schief hängenden Bild um einen unverzüglich zu behandelnden, lebensbedrohlichen Notfall. Anschließend ärgere ich mich, weil ich nicht aufhören kann, mich über Unzulänglichkeiten aller Art zu ärgern. Und dann ärgere ich mich, weil ich mich darüber ärgere, dass ich mich ärgere. Das kann doch nun auch keine Lösung sein.

Sätze, die kleben bleiben

Manche Sätze verfolgen einen ein Leben lang, meist solche, an die man sich gar nicht erinnern möchte. »Iss nicht so viel!«, »Der Vorgarten ist die Visitenkarte des Hauses.« oder »Du bist nicht schön, aber dafür lustig.« Solche Sätze lassen einen nie wieder los. Mit Anfang Zwanzig versuchte ich, mein Satzgedächtnis zu beeinflussen, indem ich in Büchern nach Sätzen Ausschau hielt, die mir bemerkenswert schienen. Die Sätze schrieb ich ab und hängte sie an die Wand: Leider habe ich mir keinen einzigen gemerkt.

Auf einen der Sätze, mit denen ich einst bei WG-Diskursen zu brillieren gedachte, stieß ich neulich abend. Ich lag neben meinem Mann im Bett und beneidete ihn. Ich beneidete ihn um das Buch, das er las: »Der Schwarm« von Frank Schätzing. Ich selbst lese gerade »Der Mann ohne Eigenschaften« von Robert Musil. Wenn man »Der Mann ohne Eigenschaften« liest, findet man es sehr ungerecht, dass der eigene Mann vor dem Einschlafen Bestseller verschlingt, während man sich auf der anderen Bettseite die geputzten Zähne an Weltliteratur ausbeißt. »Und? Wie ist es?«, fragte ich. »Keine große Literatur«, sagte mein Mann, »aber spannend. Und deins?« Ich: »Große Literatur. Aber gar nicht spannend.« Mein Mann: »Lies doch was anderes.« Ich: »Meine Mutter sagt immer: Was man anfängt, muss man auch zu Ende bringen.«

Mit Musils »Mann ohne Eigenschaften« habe ich 1990 angefangen. Nach 257 Seiten beschloss ich, mir eine Pause zu gönnen, die Pause dauerte sechzehn Jahre, so lange stand das angelesene Buch vorwurfsvoll im Regal. Vor einem Monat habe ich von vorne begonnen. Inzwischen bin ich auf Seite 283. Nur noch 1750 Seiten, dann kann ich endlich in Frieden alt werden.

Auf Seite 250 stieß ich auf einen Satz, den ich vor sechzehn Jahren unterstrichen und mit einem »!« gekennzeichnet hatte: »Er ahnt: diese Ordnung ist nicht so fest, wie sie sich gibt; kein Ding, kein Ich, keine Form, kein Grundsatz sind sicher, alles ist in einer unsichtbaren, aber niemals ruhenden Wandlung begriffen, im Unfesten liegt mehr von der Zukunft als im Festen, und die Gegenwart ist nichts als eine Hypothese, über die man noch nicht hinausgekommen ist.« Ich geriet in wehmütiges Grübeln. Wäre mein Leben ein anderes geworden, wenn ich mir diesen Satz gemerkt hätte?

Den neuesten Satz, der mir nicht aus dem Kopf geht, habe ich während einer häuslichen Mußestunde in einem Prospekt des Lebensmitteldiscounters »Kaufland« gefunden. Ich lese sonst nie Prospekte. Dass ich einen las, geschah aus reiner Notwehr: um nicht Musil lesen zu müssen. Fast hätte ich den Prospekt beiseite gelegt, weil er mir einen »Sonderposten Bockwurst« schmackhaft machen wollte, dann dachte ich an Musil und blätterte weiter. Den Satz fand ich auf einer Rezeptseite, er lautet: »Lange stand der Salat als Beilage eher unbeachtet im Schatten vorwiegend warmer Speisen.«

Seit ich diesen Satz gelesen habe, kann ich nicht aufhören, mir – verdeckt von einem Sonderposten Schweinshaxe – ein 70er-Jahre-Schüsselchen Gurken-Dill-Salat mit Wachsbohnen und Möhrenraspeln vorzustellen, das mit dünner Stimme ruft: »Hier bin ich! Warum beachtet mich keiner?« Hätte ich in den 70ern bereits Musil gelesen, hätte ich antworten können: »Hab Geduld, die Gegenwart ist nichts als eine Hypothese, über die man noch nicht hinausgekommen ist: Die Zeit wird kommen, da wird deinesgleichen zum Grundnahrungsmittel jener Frauen werden, die nicht lustig, aber dafür schön sind!«

Im Strumpfkaufrausch

Es gibt jemanden, bei dem ich mich entschuldigen muss. Ich denke oft an ihn, leider kenne ich seinen Namen nicht, erst recht nicht seine Adresse: Ich hätte längst geschrieben.

Ich stand neulich in einer Schlange vor der Kasse einer Strumpfwarenabteilung. Ich war an diesem Tag ohnehin grundlos gut gelaunt. Der bevorstehende Erwerb von zehn Paar Damenstrümpfen aber versetzte mich geradezu in Euphorie: Strümpfe zu kaufen ist ein herrliches Erlebnis. Es geht schnell. Man muss sie nicht anprobieren. Es gibt nichts zu entscheiden als die Frage, ob sie schwarz oder braun sein sollen. Das Schönste: Man kauft zehn Paar auf einmal und hat dann das Gefühl, »mal so richtig hemmungslos zugeschlagen zu haben«. Wenn man sich dann noch Markenstrümpfe gönnt, erhält man für vergleichsweise lumpige 80 oder 100 Euro die luxuriöse Gewissheit, eine an unsichtbarer Stelle stets exquisit gekleidete Frau zu sein.

Aber das ist hier gar nicht das Thema. Also, ich stehe in der Schlange und male mir mit lachendem Herzen aus, wie ich zu Hause meine Garderobe schlagartig erweitern und zehn nagelneue Strumpfballen in die Strumpfschublade purzeln lassen werde. Da sehe ich an einer einen Meter entfernten Regalwand eine schöne Strumpfhose. Ich, im Strumpfkaufrausch, trete aus der Reihe, um die passende Größe zu suchen. Als ich zurückkehren will in die Schlange, seufzt der inzwischen aufgerückte, mittelalte Herr auf dem Schlangenplatz hinter mir sehr laut – und zeigt, während er einen schlangenplatzfreimachenden Schritt zurücktritt, das gleiche Gesicht, das ich an den Tag lege, wenn eines meiner Kinder, nachdem ich ihm den Schneeanzug angezogen und es im Auto angeschnallt habe, zu sagen wagt: »Ich muss mal.«

Ich sage zu dem Mann: »Haben Sie es eilig? Möchten Sie vor?« Der blöde Sack wird schon sehen: Meine gute Laune verdirbt mir keiner so schnell! »Nein«, brummt er, sein Gesichtsausdruck wechselt von »genervt« zu »leicht angewidert«. Aha, denke ich, hier muss Grundsätzliches ausgefochten werden: Heiterkeit gegen Miesepetrigkeit, Gut gegen Böse. Ich frage sanft: »Ist etwas nicht in Ordnung mit Ihnen?« Der Herr dreht, nun nicht mehr nur leicht angewidert, den Kopf zur Seite und starrt in die Weiten der Strumpfwarenabteilung. Zeit für den Dolchstoß. Ich lächle: »Wie wäre es mit ein bisschen Freundlichkeit? Das macht das Leben schöner!« Ich hoffe auf einen düsteren Wutanfall, vor dem mein sonniges Gemüt so richtig vorteilhaft zur Geltung kommen würde. Meine Hoffnung wird enttäuscht. Der Mann wendet sich mir wieder zu. »Bitte«, flüstert er. »Bitte! Lassen Sie mich doch *bitte* einfach in Ruhe.«

Ich schämte mich. Sofort und bodenlos. Ich wusste, dass es sie gibt, aber erst in diesem Augenblick wurde mir klar, dass ich einer von ihnen bin, ab und zu jedenfalls: einer dieser Menschen, die andere mit ekelhaft aufdringlich guter Laune in den Wahnsinn treiben. Unbekannter Herr, ich bitte Sie auf diesem Wege um Entschuldigung! Und alle meine übrigen Hochstimmungsopfer gleich mit. Ich weiß nicht, warum ich manchmal so bin. Aber – mein guter Vorsatz – ich will mich bessern.

Feiern bis zum Umfallen

In meiner Grundschulklasse gab es ein Mädchen, dessen Familie den Zeugen Jehovas angehörte. Unsere Mütter raunten am Abendbrottisch, dass die Zeugen Jehovas keine Bluttransfusionen erlauben. Daraus schlossen wir, dass es riskant sei, mit dem Mädchen zu spielen, weil es, falls es vom Baum fallen oder beim Rollschuhfahren stürzen und sich das Knie aufschlagen würde, vor unseren Augen verbluten müsste. Außerdem lehnen es die Zeugen Jehovas ab, Geburtstag zu feiern. Die Zeugen Jehovas glauben, seinen Geburtstag zu feiern bedeute, sich selbst dorthin zu rücken, wo allein Gott hingehöre: in den Mittelpunkt. Das Mädchen durfte weder die Geburtstagsfeste anderer besuchen, noch seinen eigenen Geburtstag feiern.

Grundschüler haben ein noch ungenügend ausgeprägtes Bewusstsein dafür, dass die eigene Art zu leben die einzig richtige ist, und neigen deshalb dazu, tolerant zu sein: Dass G. Löcher in den Schneidezähnen hatte, B. keinen Vater und D. eine Mutter, der eine Eck-Kneipe gehörte und die von Erwachsenen »Die Neonazi-Wirtin« genannt wurde, dass H. immer Röcke tragen und jeden Sonntag in die Kirche gehen musste, dass U. mit fünf Geschwistern, Eltern und Oma in einer 4-Zimmer-Wohnung lebte und es bei ihr nur Margarine gab, weil Butter teuer war und Butterbrote daher nur der Mutter zustanden – das alles nahm ich verwundert, aber gelassen zur Kenntnis.

Dass es aber ein Kind gab, das nicht Geburtstag feierte, war unbegreiflich. Geburtstage waren der Lebenssinn schlechthin, wozu sonst war man geboren worden, wenn nicht dafür, Geburtstag feiern zu dürfen? Jeder Tag, der verging, verging doch nur zu dem einzigen Zweck, uns unserem nächsten Geburtstag näher zu bringen, Leben war demnach das, was zwischen zwei Geburtstagen stattfand, woraus sich schließen ließ, dass, wer keinen Geburtstag feiert, so gut wie tot ist: Wir beäugten das Mädchen, als sei es ein Gespenst.

Als mein Sohn vorgestern die fünfte Geburtstagseinladung binnen drei Wochen aus dem Ranzen zog, musste ich an das Mädchen denken und an seine Eltern. Ich überlegte, ob es sein könnte, dass die Eltern des Mädchens gar nicht verrückt, sondern aus sehr gutem Grunde gehandelt hatten, als sie den Zeugen Jehovas beitraten. Ich dachte daran, wie schön es für meinen Sohn ist, dass er so oft eingeladen wird – dass ich persönlich es jedoch keine unattraktive Aussicht fände, zum Telefon greifen und hineinsprechen zu können: »Hallo, mein Sohn kann nicht kommen, wir sind Zeugen Jehovas.«

An sich halte ich Geburtstage für eine erfreuliche Erfindung. Das Problem: Es gibt zu viele davon, und irgendwie habe ich das Gefühl, es werden ständig mehr. Keine Woche vergeht, in der nicht irgendwer Geburtstag hat: der Mann, die Kinder, die Freunde, die

Freunde der Kinder, die Familie, Kolleginnen. Wenn ich nicht am Schreibtisch sitze, die Küche aufräume, mit meinem Sohn das Einmaleins übe oder schlafe, dann entwerfe ich entweder Gästelisten oder Einladungen oder Stadtteil-Ralleys, ich kaufe Blumen oder Bierkästen oder beseitige Geburtstagspartyspuren, ich rufe irgendwo an und frage, was das Geburtstagskind sich wünscht, ich einige mich mit anderen Eltern auf Sammelgeschenke, backe Kuchen, sitze im Auto auf dem Weg zum Spielzeugladen, zum Indoor-Spielplatz oder zum Schwimmbad: Mein Leben, wenn es vorbei ist, wird aus Arbeit und Geburtstagsfeiern bestanden haben.

Schon wieder Sex

Vor dieser Kolumne hätte ich mich gerne gedrückt. Ich bin nämlich verklemmt: Bei der Vorstellung, dass meine Mutter von mir verfasste Sätze lesen könnte, in denen die Worte »vögeln« und »Beine breit machen« vorkommen, wird mir ganz anders. Ich bin trotz aller Gegenbemühungen im Grunde meines Herzens eine durch und durch spießige Mittelschichtsdurchschnittlerin, darum ist es mir unmöglich, die Begriffe »Eltern« und »Sex« in einem von allen Konventionen befreiten Atemzug denken zu können: Entschuldigung, Mama, ich muss das jetzt tun. Mehr als vier Zuschriften habe ich bekommen zum Thema »Hatten Sie schon mal Sex mit Ihrem Vermieter?«. Nun muss ich ran. Versprochen ist versprochen, das hast du mir beigebracht.

Aus drei Briefen will ich zitieren. Erstens, Denise D. zum Thema »Der schnelle Weg zum Eigentum«: »Mein Vermieter ließ sich nach sechswöchiger Affäre scheiden, mittlerweile sind wir verheiratet, unsere Tochter hat gerade ihren ersten Geburtstag gefeiert.« Zweitens, Monica S. zum Thema »Schattenseiten des Wohlstandes«: »Da ich immer im Eigentum gewohnt habe, kenne ich die Variante ›Sex mit dem Vermieter‹ nicht.« Drittens, Ela L. zum Thema »Mietminderung«: »Als ich den Dauerauftrag für meine Wohnung einrichtete, fragte mich der Banker, wo man denn so günstig wohnen könne: 55 qm für 159 Euro! Ich sagte wahrheitsgemäß: ›In Linz am Rhein, aber man muss mit dem Vermieter schlafen.‹« Vielen Dank, so viel Offenheit hatte ich nicht erwartet.

Wenn man es genau betrachtet, wohne ich sogar umsonst. Einen Immobilienbesitzer habe ich nicht abbekommen, dafür geht die Miete vom Konto meines Mannes ab. Das Beste: Ich muss trotzdem nur dann mit ihm schlafen, wenn ich Lust dazu habe. Ich finanziere einen Großteil des restlichen Haushalts und erwarte als Gegenleistung, dass er Lust hat, wenn ich Lust habe. Genaueres kann ich nicht sagen, weil ich dann ausziehen und selbst Miete zahlen müsste. Nur so viel: Mein Mann hat sich noch nie beklagt, und ich bin eine glückliche Ehefrau.

Meine Freundin K. behauptet ebenfalls, eine glückliche Ehefrau zu sein. Ich kann mir das aber nicht richtig vorstellen. »Sag mal, wie oft habt ihr eigentlich Sex?«, habe ich sie neulich gefragt, denn eine Freundin ist keine Mutter. »So vier-, fünfmal«, sagte die Freundin. »Im Monat?« – »In der Woche«, sagte meine Freundin und guckte kein bisschen komisch, so als ob es für ein Um-die-vierzig-Langzeitehepaar mit zwei Kleinkindern völlig normal sei, fünfmal in der Woche Sex zu haben. »Ihr Tiere!«, rief ich und lief nach Hause, um meinem Mann das Ungeheuerliche zu berichten.

Später gab sie zu meiner großen Genugtuung zu, dass sie manchmal »einfach die Beine breit« macht, »weil er sonst schlechte Laune bekommt«. Dabei guckte sie schon wieder gar nicht komisch, so als ob »Beine breit machen, damit er keine schlechte Laune bekommt« das Gleiche sei wie »Wäsche waschen, weil man sonst irgendwann nackt herumlaufen muss« oder »Einkaufen, weil man sonst verhungert«. Neulich sind wir an einem Samstag mit den beiden essen gegangen. Als wir das Restaurant verließen, habe ich zum Abschied gesagt: »Und? Musst du gleich noch vögeln, oder habt ihr diese Woche schon fünfmal?« Meine Freundin hat gelacht. Mein Mann auch. Ihr Mann auch. Das fand ich nun wieder sehr sympathisch.

Bringt es Spaß, ein Prinzipienreiter zu sein?

Eine der schönsten menschlichen Eigenschaften ist es, Fünfe gerade sein lassen zu können. Eine der unschönsten menschlichen Eigenschaften ist es, kein Auge zudrücken zu können. Ich saß freitags mit meinem Sohn im Zug nach Dresden, um Freunde zu besuchen. Zu der Reise hatte ich mich entschließen können, weil ich mich früh genug an den Computer gesetzt hatte, um ein Superspar-50-Ticket zu ergattern: Hin- und Rückfahrt für 63 Euro 70, das war drin. Irgendwo zwischen Wittenberge und Berlin kam der Schaffner. Er guckte auf das Ticket, dann auf mich. Ein Grinsen huschte über sein Gesicht. »Sie sitzen im falschen Zug«, sagte er. »Wieso?«, sagte ich. »Wir sitzen im EC 179, Wagen 258, Plätze 45 und 47, 15:08 Uhr ab Hamburg-Dammtor, genau wie es auf dem Ticket steht.« – »Nein«, sagte er: »Sie haben die Hinfahrt für morgen gebucht.« – »Scheiße«, sagte ich: »Und nun?«

»Sie müssen eine neue Fahrkarte kaufen, die hier gilt nur für morgen: Zugbindung, Sie wissen.« – »Soll ich dir was leihen?«, fragte mein Sohn, der seine gesamten Ersparnisse eingesteckt hatte, man kann ja nie wissen, was so kommt, wenn man sich zu weit von zu Hause fortbewegt, und nun war es da. »Kann man denn da gar nichts machen?«, sagte ich – der klägliche

Hilferuf aller, die wissen, dass sie im Unrecht sind, und denen nur die Hoffnung auf Barmherzigkeit bleibt. Was ich meinte, war: »Könnten Sie nicht so nett sein, zu glauben, dass ich eine schusselige Frau bin, die sich im Datum geirrt hat?« Anders ausgedrückt: »Sie meinen nicht wirklich, dass ich eine gewitzte Betrügerin bin, die sich mit einer Samstags-Buchung den freitags schneller ausverkauften Sparpreis 50 erschleicht, um sich dann mit einem Achtjährigen vorsätzlich am falschen Tag in den richtigen Zug auf die richtigen Plätze zu setzen und zu hoffen, dass sie mit der Nummer billig davonkommt?« – »Da muss ich die Hotline fragen«, sagte der Schaffner. Ich hatte verloren: Hotlines entsprechen in ihrem Verständnis für menschliche Schwächen ungefähr dem Jüngsten Gericht.

Wenig später war der Schaffner wieder da. »Ich bedauere«, sagt er ohne das geringste Anzeichen von Bedauern, »eine neue Fahrkarte muss sein.« 55 Euro 30. Ich schaffte es, mich nicht laut aufzuregen. Eine letzte Frage hatte ich aber: »Sagen Sie, eines interessiert mich: Machen Sie das jetzt, weil es rauskommen würde, wenn Sie es nicht täten und Sie dann was auf den Deckel bekommen? Oder machen Sie das aus Prinzip?« Der Schaffner verstand mich nicht: »Was heißt hier Prinzip?« Er nahm meine BahnCard, tippte ein paar Zahlen in seine Zugbegleiter-Ritschratschwunderwaffe, das Ding piepte beleidigt. Der Schaffner, triumphierend: »Sehen Sie, ich kann nichts dafür, das System bestätigt Ihre Buchung nicht, also kann ich das Ticket nicht abstempeln.« – »Und?«, sagte ich. »Wäre das so schlimm?« Dazu sagte er nichts.

Während der restlichen Fahrt konzentrierte ich mich darauf, Ärger in Mitleid umzuwandeln. Wie arm dran sind Menschen, die sich den letzten Fitzel Spielraum rauben, den ihnen ein von Grundsätzen, Regeln und Vorschriften zubetoniertes Leben bietet: die Möglichkeit, dann und wann, wenn's keiner merkt, einem anderen eine unerlaubte Freude zu machen? Wie großartig fühlt es sich an zu wissen, dass man einem Menschen den Tag gerettet hat. Dagegen kann es unmöglich Spaß bringen, ein Systemsklave zu sein. Warum bloß gibt es trotzdem so viele davon?

Es ist sehr vernünftig, vernünftig zu sein

Gestern Abend bin ich, angezogen auf dem Bett liegend, um Viertel vor neun eingeschlafen. Ich bin nicht etwa deshalb eingeschlafen, weil ich furchtbar müde war. Ich bin eingeschlafen, weil ich nicht wusste, was ich sonst hätte tun sollen. Ich hatte zu nichts Lust. Das Einzige, worauf ich Lust hatte, durfte ich nicht tun, weil ich es mir selbst verboten habe: zu rauchen.

Ich will so vernünftig sein, mit dem Rauchen aufzuhören. Rauchen macht krank, Rauchen macht tot, Rauchen macht hässlich, Rauchen stinkt, Rauchen ist teuer und rücksichtslos. Spätestens dann, wenn man Kinder in die Welt gesetzt hat, ist Rauchen ganz und gar kein Zeichen von Lässigkeit mehr, sondern schlicht eines fehlender Selbstbeherrschung: Wer mit 25 morgens um vier mit einem Bier in der Hand vor einem In-Club steht und eine raucht, ist eine ganz normale, ungesund lebende 25-Jährige. Wer mit 35 mittags um eins mit dem Einkaufskorb in der Hand vor dem Kindergarten steht und eine raucht, ist eine Prolomutter. Ich will keine Prolomutter mehr sein.

Außerdem scheint mein Sohn gerade in der Schule gelernt zu haben, dass Rauchen – gleich nach Pest, Cholera und Al Quaida – zu den urbösen Grundübeln dieser Welt gehört. Ihm ist offensichtlich klargemacht worden, es sei nicht unwahrscheinlich, dass er alsbald am Grabe seiner Mutter stehen wird, wenn die nicht sofort mit dem Rauchen aufhört. »Rau-cher s-t-erben früh-her«, buchstabiert er und predigt mir dann mit den traurigen Augen eines Quasi-Halbwaisen die Lehre vom gesunden Leben: Mich überkommt eine vage Ahnung, wie es sich anfühlt, in einer dieser Diktaturen zu leben, in denen die Kinder vom Staat zu Ideologiewächtern erzogen und mit der Observierung ihrer Eltern beauftragt werden.

Ich muss also Nichtraucherin werden. Der erste Schritt zur Nichtraucherin ist der, mit dem Rauchen aufzuhören. Obwohl ich mit dem Rauchen aufgehört habe, bin ich weit davon entfernt, Nichtraucherin zu sein: Ich bin eine nicht rauchende Raucherin. Weil ich keine Nichtraucherin bin, sondern nur eine nicht rauchende Raucherin, wusste ich gestern Abend nicht, was ich tun sollte, nachdem ich die Kinder ins Bett gekämpft hatte. Früher hätte ich mich in die Küche oder in den Garten gesetzt, hätte mir ein Glas Rotwein oder ein Glas Wasser genommen, vielleicht hätte ich Musik aufgelegt, vielleicht hätte ich die Stille genossen – auf jeden Fall hätte ich mir eine angezündet und mich am allerschönsten Augenblick des Tages gefreut, an diesem herrlichen Ritual, das das grelle Tagsüber vom sanften Abend schied. Das geht nun nicht mehr.

Nach dem Kinderküssen habe ich mich aufs Bett gelegt, um darüber nachzudenken, was ich sonst noch Schönes tun könnte, um den Feierabend einzuläuten – außer zu rauchen. Mir fiel nichts ein. Es gibt nichts, das genauso schön sein könnte, wie nach einer großen Anstrengung zu rauchen. Ich blieb liegen und dachte über das Vernünftigsein nach, denn das Vernünftigsein war schuld daran, dass ich nicht wie gewohnt auf den Schwingen des Nikotins vom Tag in den Abend gleiten konnte und stattdessen mein Leben in diesem Übergangsaugenblick stillstand wie eine in einem Kratzer hängen gebliebene Plattenspielernadel.

Gegen das Vernünftigsein gibt es wenig einzuwenden. Wer vernünftig ist, achtet auf sich, lebt länger und sorgenfreier – daran kann man schlecht herumnörgeln. Vernünftige Menschen hören heutzutage auch auf ihre Gefühle, weil sie wissen, dass das Gefühl oft vernünftiger entscheidet als der Verstand. Dann und wann leisten sie sich die eine oder andere Unvernunft, weil es für ein erfülltes Leben wichtig ist, auch mal unvernünftig sein zu können. Niemals aber wären sie so unvernünftig, ihre ganze Zukunft, ihr Leben aufs Spiel zu setzen – nur um, sagen wir, zum Beispiel eine rauchen zu dürfen. Es mag gute Gründe geben, sein Leben aufs Spiel zu setzen: Liebe, Friede, Gerechtigkeit. Das Rauchen gehört eindeutig nicht dazu. »Es ist sehr, sehr vernünftig, vernünftig zu sein«, dachte ich. Dann schlief ich ein.

Unsere Hälfte des Rasens

Ein Glück, das mir bisher nicht beschert war, ist das, mich Trendsetterin nennen zu dürfen. Es fühlt sich bestimmt toll an, Trendsetterin zu sein: Man lebt, trägt, denkt oder spricht irgendetwas vor, und plötzlich leben, tragen, denken oder sprechen einem das alle nach. Seit ein paar Wochen hoffe ich, dass es doch noch etwas wird mit mir und dem Trendsetten.

Der Trend, den mitgesettet zu haben ich mich in ferner Zukunft rühmen möchte, heißt: Frauenfreizeitfußball (FFF). Er steckt, zugegeben, noch in der absoluten Pionierphase und besteht zurzeit nur aus mir und elf anderen Frauen – aber schon jetzt träume ich davon, dass aus ihm eine Bewegung wird, die das öffentliche Leben von Grund auf umwälzen wird. Parks und sonstige Grünflächen werden nicht mehr sein, was sie einmal waren: von den Männern okkupierte Spielwiesen. Jetzt kommen wir, die Freizeitfußballerinnen, wir fordern die Hälfte des Rasens!

Geburtsort des Trends ist das Hamburger Portugiesen-Viertel, in dem ich mich mit drei Leserinnen traf, um die Gründung der ersten offiziellen Hamburger FFF-Mannschaft in die Wege zu leiten. Die Leserinnen hatten sich auf meine Kolumne »Warum Mädchen Fußball spielen sollten« hin gemeldet: Es gibt viele Vereine mit in Ligen organisierten Frauenfußballmannschaften für ehrgeizige, cellulitefreie Spielerinnen – eine FFF-Mannschaft für die entspannte, konditionsarme Frau ab dreißig hatte keine von uns gefunden, auch der Sportbund wusste von nichts. Das werden wir ändern. Weil auch Fußballerinnen Frauen sind, mussten wir, bevor wir uns ans Verändern machten, erst einmal reden: »Ich wollte immer Fußball spielen, aber meine Mutter zwang mich zum Hockey.« – »Endlich hatte ich eine Frauenmannschaft gefunden, ich war die einzige Heterosexuelle, aber das war völlig okay. Dann mussten wir umziehen, ich war total deprimiert.« – »Ich habe es mit Joggen versucht, mit Aerobic, Tennis, Schwimmen, aber ich wurde immer enttäuscht.« Nach zwei Stunden fiel uns ein, dass wir keine Selbsthilfegruppe, sondern eine Fußballmannschaft gründen wollten: Wir beschlossen, uns einmal pro Woche zum Bolzen zu treffen.

Seither beweisen wir jeden Mittwoch, dass man gleichzeitig laufen, lachen, einen Pass spielen und Be- und Erziehungsprobleme diskutieren kann. Fairplay ist für uns kein leeres Wort, selbst gegenüber der gegnerischen Torhüterin nicht (»Achtung, Jutta, ich schieß jetzt!«) und Verbissenheit nicht unsere Sache (»Wie viel steht's denn?« – »Keine Ahnung, ist doch nicht so wichtig«). Männliche Kollegen würden kritisieren, dass wir nicht ernsthaft genug bei der Sache sind, wir sagen: Na und? Hauptsache, wir schwitzen und haben Spaß. Inzwischen sind wir zu zwölft.

Am Morgen nach meinem ersten Fußballspiel seit über zehn Jahren dachte ich kurz, es wäre auch mein letztes gewesen: Mein Körper war ein einziger großer Schmerz. Eine Woche später war ich wieder dabei, inzwischen humpele ich donnerstags nur noch ein bisschen. Wenn man erst einmal nach dem Kicken – mit rotem Gesicht, einem Haufen netter Frauen und einem Bier in der Hand – auf einer Stadtparkwiese in der untergehenden Sommersonne gesessen hat, dann weiß man: Bolzen ist viel zu schön, um es den Männern zu überlassen.

Männer mit Meinungen

Neulich habe ich die Küchenschränke aufgeräumt und dabei Radio gehört. Die Sendung, die ich hörte, geht so: Es gibt ein Thema der Woche, im Studio sitzen Expertinnen und Experten, Hörer können anrufen und Fragen stellen. Das Thema an diesem Tag lautete: Droht der Erde eine Überbevölkerung? Unter den Anrufern war eine Frau. Die Frau stellte eine Frage. Die anrufenden Männer fragten nichts. Sie hatten eine Meinung.

Es war sehr spaßig, den Männern beim Meinung-Haben zuzuhören. Fast vergaß ich darüber die Küchenschränke. Wer das Konzept der Sendung nicht kannte, hätte glauben können, es hieße »Amateur-Experten« telefonieren mit »Profi-Experten«. Die Amateur-Experten wirkten, als würden sie ihre gesamte Freizeit dem Überbevölkerungsproblem widmen: Zeitungsausschnitte sammeln und vor dem PC sitzen, um sich in Überbevölkerungs-Amateur-Experten-Foren mit anderen Überbevölkerungs-Amateur-Experten über Überbevölkerungs-Amateur-Meinungen auszutauschen. Die Männer jonglierten derart überzeugt mit irgendwelchen Daten, Fakten, Theorien und Schlussfolgerungen herum, dass es mich nicht gewundert hätte, wenn sich die Lautsprecherverkleidung unter dem Druck des männlichen Brusttons nach außen gewölbt hätte.

Eine Männermeinung hieß: Regelt sich alles von selbst – sobald es viel zu viele von uns gibt, wird's endgültig zu eng und das Essen zu knapp, und dann gibt es noch mehr Kriege und noch mehr Hungersnöte, und schon sind wir ein paar Millionen weniger. Punkt. Was sagst du nun? Noch Fragen? »Hm, ein sehr interessanter Aspekt«, summten die Profi-Experten und versuchten, Antworten zu finden auf die Frage, die nicht gestellt worden war: Wie kann man so ein Elend verhindern? Ich wischte die Küchenschränke und dachte, dass es vermutlich kein leichter Job ist, Profi-Experte zu sein.

Ich habe mütterlicherseits einen entfernten Verwandten, dessen Meinungsübertragungsversuche ich gelegentlich live verfolgen kann. Dieser Verwandte hat zu allem und jedem etwas zu sagen, und egal ob es sich um Genforschung, um die Reimtechnik im mittelhochdeutschen Minnesang, das paraguayanische Steuerrecht, Napoleons Sieg in der Schlacht bei Marengo oder um die Zukunft der SPD im Allgemeinen oder die des Seeheimer Kreises im Speziellen handelt, immer leitet er seine Ausführungen mit »Das ist doch ganz klar …« ein. Lange habe ich stumm beschämt darunter gelitten, dass mir selbst so schrecklich wenig klar ist. Inzwischen habe ich gelernt, aus unseren Begegnungen das Beste zu machen: Vor jedem Treffen suche ich bei Wikipedia nach einem von mir entwickelten Zufallsprinzip drei Stichworte heraus (zum Beispiel: neolithische Revolution, Urchristentum, ILO), werfe sie ihm im Laufe unseres Beisammenseins wie zufällig zum Fraß hin (»Die International Labour Organisation ist ja auch nicht mehr das, was sie mal war!«) und beobachte mit verzücktem Erstaunen, wie sich der mir Anverwandte auf das Thema stürzt, sehr kurz verdaut und binnen Sekunden eine Meinung ausscheidet. So bekomme ich die Zeit mit ihm ganz gut rum.

Nur ein einziges Mal ist es mir gelungen, ihn aus dem Konzept zu bringen. »Eine Studie aus Amerika hat bewiesen«, log ich, »dass Männer, die zu allem eine Meinung haben, schlechtere Chancen haben, eine hübsche und intelligente Partnerin zu finden. Weißt du, warum?« Bevor der Verwandte Luft holen konnte, fuhr ich fort: »Ist doch ganz klar! Menschen, die nie Fragen stellen, weil sie alles schon wissen, sind entsetzlich langweilig.«